Die schönsten Nähideen

Inhaltsverzeichnis

GESCHENKIDEEN

FÜR KINDER

Nähen

Nähen ist wieder in. Und das aus gutem Grund. Schon als Anfänger lassen sich mit ein paar grundlegenden Techniken spielend ganz individuelle Kleinigkeiten für Ihr Zuhause, Ihre Familie oder Ihre Freunde anfertigen. Dabei können Sie aus einer Vielfalt an schönen Stoffen und wunderbaren Materialien wählen und auch Form, Größe, Farbe und Qualität Ihres Nähteils selbst bestimmen. Und mit den richtigen Anleitungen und leicht verständlichen, einfachen Schnitten erzielen Sie von Anfang an wunderbare Ergebnisse.

In diesem Band haben wir für Sie die schönsten Nähideen von Burda und TOPP zusammengestellt, die sich schnell und einfach umsetzen lassen. Ob dekorative Ideen für Ihr Wohnzimmer, nützliche Helfer im Haushalt oder tolle Überraschungen für die Kleinen – alles ist Schritt für Schritt beschrieben und mit detaillierten Schnittmustern versehen. So gelingt auch Einsteigern alles im Handumdrehen.

Fertigen Sie doch ein hübsches Tischset, ein praktisches Duftsäckchen oder ein niedliches Kuscheltier für Ihren kleinen Liebling. Oder versuchen Sie sich an einem flauschigen Wärmflaschenbezug oder an einer pfiffigen Stuhlhusse. Oder werden Sie Ihr eigener Innendekorateur und nähen Sie passende Gardinen oder traumhafte Lampenschirme. Ihrer Kreativität sind keine Grenzen gesetzt!

Probieren Sie es und werden Sie Ihr eigener Schneidermeister! Wir wünschen Ihnen viel Spaß und Erfolg dabei!

Nackenrolle

Zuschnitt

Das Stoffteil einmal 70 x 57 cm mit je 1 cm Nahtzugabe entlang den Längskanten und je 4 cm Nahtzugabe entlang den Schmalkanten für den Tunnel zuschneiden.

Anleitung

Die Schnittkanten ringsum versäubern. Das Stoffteil der Länge nach rechts auf rechts legen und die Längskanten schließen. Die Nahtzugaben auseinander bügeln, wenden. Die Schmalkanten für die Tunnel 4 cm breit nach links umbügeln und die Tunnel im Abstand von 3,5 cm zur Außenkante absteppen. Für den Durchzug die Längsnaht innerhalb der Tunnelnaht auf der rechten Seite ca. 1–2 cm öffnen. Hier die Kordel mithilfe der Durchziehnadel einziehen und die Kordelenden anbringen. Die Schaumstoffrolle einziehen, beidseitig die Kordel zusammenziehen und zur Schleife binden.

GRÖSSE

je ca. 50 cm lang, 18 cm ø

MATERIAL PRO NACKENROLLE

- je 65 x 150 cm
  Baumwoll-Rosenstoff in Ecru auf Blau oder
  Baumwoll-Rosenstoff in Blau auf Ecru oder
  Baumwoll-Rosenstoff in Ecru auf Rot oder
  Baumwoll-Rosenstoff in Rot auf Ecru oder
  Baumwollstoff in Rot-Weiß kariert oder
  Baumwollstoff in Blau-Weiß kariert
- Nähgarn in Rot oder Blau
- Kordel in Rot oder Blau
- 4 Kordelenden
- Schaumstoffrolle, ca. 50 cm lang, 18 cm ø
- Durchziehnadel

Tipp

Im Handel gibt es eine Fülle von Schaumstoffrollen in den unterschiedlichsten Stärken und Längen, aus der Sie Ihren Favoriten auswählen können. Passen Sie dann die Stoffmenge der Schaumstoffrolle an.

Zuschnitt

Für die vordere Kissenplatte einmal nach dem Schnittteil im Stoffbruch und für die rückwärtige Kissenplatte (mit Mittelnaht) zwei Teile nach dem Schnittteil zuschneiden. Alle Teile mit ringsum 1 cm Nahtzugabe anfertigen.

Anleitung

Alle Schnittkanten versäubern. Die rückwärtige Mittelnaht schließen, dabei mittig für den Reißverschluss 30 cm offen lassen. Den Reißverschluss einsetzen und öffnen. Für die Blütenmitte auf die Rückseite vom Vliesofix einen Kreis mit 16 cm Ø aufzeichnen, das Vliesofix mit der Papierseite nach oben auf die Rückseite vom Stoffrest bügeln. Den Kreis exakt ausschneiden, das Trägerpapier abziehen und auf die Mitte der vorderen Kissenplatte bügeln. Den Kreis mit einem dicht eingestellten, ca. 2–3 mm breiten Zickzackstich applizieren. Die vordere und rückwärtige Kissenplatte rechts auf rechts legen und zusammensteppen. Die Nahtzugaben entlang den Rundungen in gleichmäßigem Abstand bis kurz vor die Naht einschneiden. Die Kissenhülle wenden, bügeln und mit Füllwatte gleichmäßig ausstopfen.

GRÖSSE
je ca. 44 cm ø

MATERIAL PRO KISSEN

- gemusterter Baumwollstoff, ca. 50 x 150 cm
- gemusterter Stoffrest für die Blütenmitte, ca. 20 x 20 cm
- Vliesofix, ca. 20 x 20 cm
- 1 Reißverschluss farblich passend, 30 cm lang
- Nähgarn farblich passend
- Füllwatte
- Transparentpapier

SCHNITTMUSTER SEITE 86

Blumenkissen

Zuschnitt

Das Stoffteil nach den Maßen der Schemazeichnung zuschneiden.

Anleitung

Zuerst die vier Ecknähte bis zu den kleinen Pfeilen schließen, dann die Seitennähte schließen. Dabei die hintere Naht zum Wenden und zum Einziehen des Schaumstoffes offen lassen. Den Bezug wenden, den Schaumstoff einziehen und die offene Naht mit Handstichen schließen. Danach alle Außennähte mit der gebogenen Polsternadel und doppeltem Quiltgarn 1 cm breit mit Vorstichen abnähen. Die Knöpfe (je 4 für die Vorder- und Rückseite) mit dem passenden Stoff beziehen und mithilfe der Matratzennadel auf das Kissen nähen. Dabei durch das Polster durchstechen und auf der Rückseite einen Knopf gegennähen.

GRÖSSE
ca. 50 x 50 cm, 8 cm dick

MATERIAL PRO POLSTER

- Jacquardstoff (68 % Viskose, 27 % Baumwolle, 5 % Nylon) mit Blättermuster in Orange oder mit Paisleymuster in Rot, 75 x 150 cm
- Näh- und Quiltgarn in Orange oder Rot
- 8 überziehbare Knöpfe in Silber, 29 mm ø
- Universalwerkzeug für überziehbare Knöpfe
- gebogene Polsternadeln
- gerade lange Matratzennadel
- Schaumstoffpolster, ca. 50 x 50 cm, 8 cm hoch

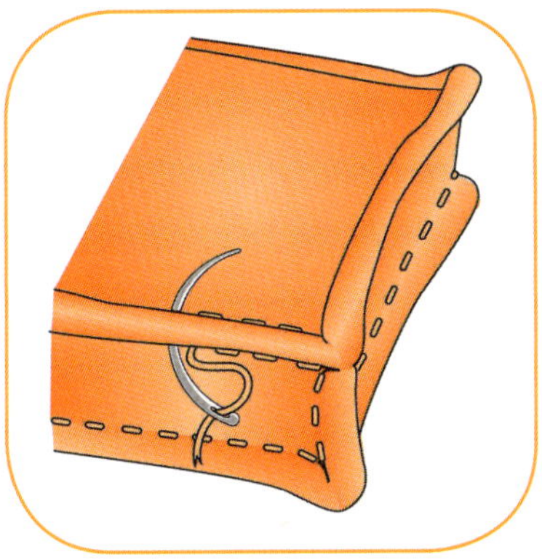

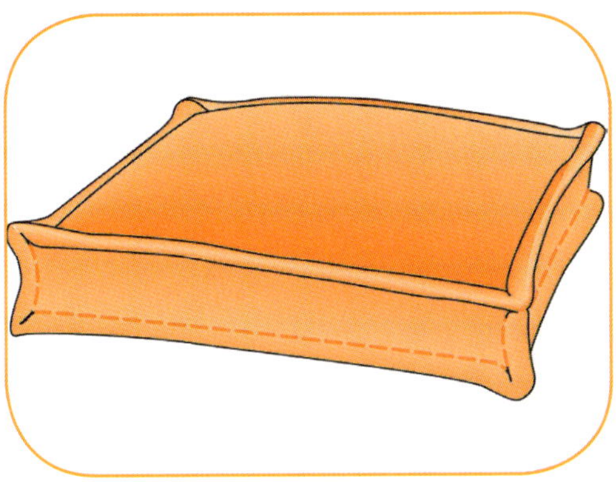

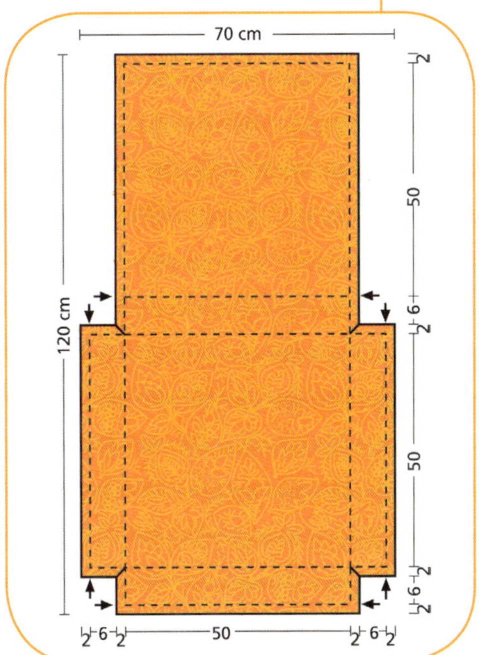

C

D

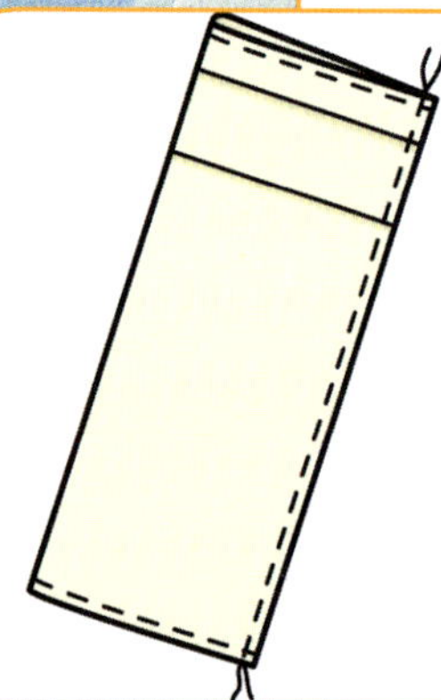

E

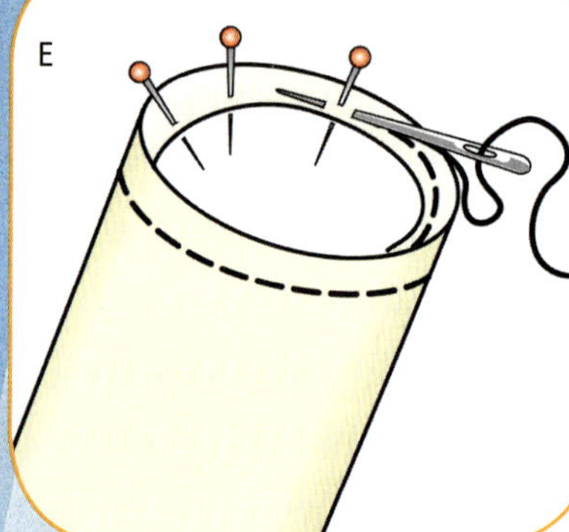

Zuschnitt

Ein Stoffteil (siehe auch Schemazeichnung A) für die kleine Lampe von 80 x 155 cm, für die große Lampe von 96 x 180 cm groß zuschneiden, die Maße für die große Lampe stehen in Klammern, die Saum- und Nahtzugaben sind inbegriffen.

Anleitung

Für die Falten die mit x gekennzeichneten Linien mit dem Trickmarker auf der rechten Stoffseite markieren (= Hilfslinie zum Nähen). Für die Falten den Stoff x auf o legen, sodass die Falten auf der rechten Stoffseite liegen (siehe Schemazeichnung B + C), evtl. heften. Den Faltenbruch bügeln und entlang der Hilfslinie die Falten nähen. Das Stoffteil gut bügeln, die Falten seitlich feststecken. Die obere und untere Schmalkante 1 cm breit doppelt säumen. Nun die Lampe mit einer 1 cm breiten Naht zum Rund schließen (siehe Schemazeichnung D). Den Saum um die Ringe legen und mit kleinen Handstichen festnähen (siehe Schemazeichnung E). Die Fassung anbringen.

GRÖSSE

kleine Lampe: ca. 107 cm lang, 25 cm ø

große Lampe: ca. 132 cm lang, 30 cm ø

MATERIAL

- Trickmarker
- passende Lampenfassungen

FÜR DIE KLEINE LAMPE

- transparentes Leinen in Blaugrün, ca. 165 x 150 cm
- Metallringe, weiß beschichtet, 25 cm ø

FÜR DIE GROSSE LAMPE

- transparentes Leinen in Gelbgrün, ca. 185 x 150 cm
- Metallringe, weiß beschichtet, 30 cm ø

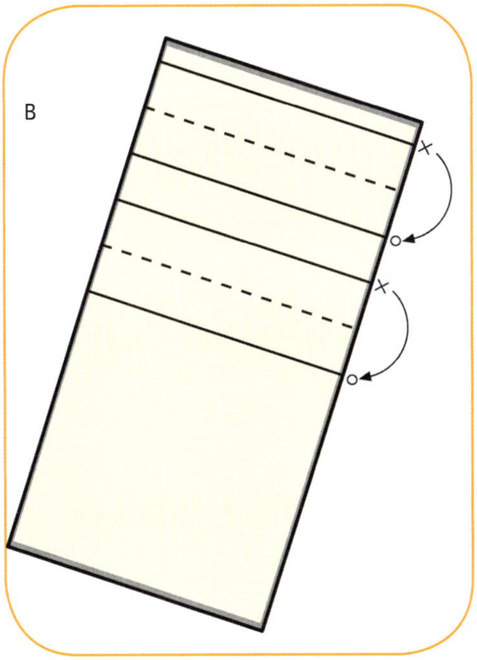

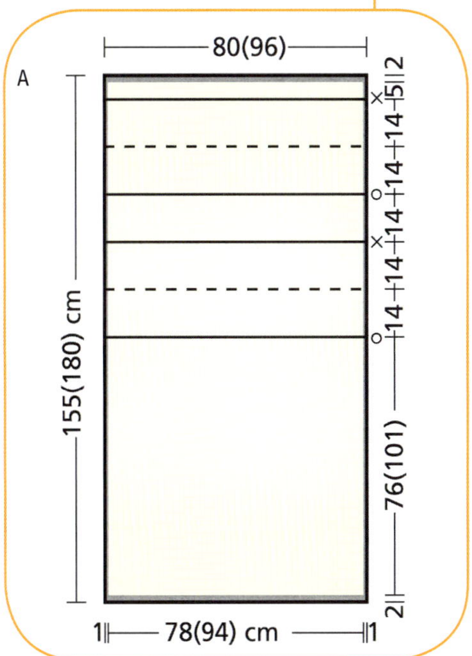

Zuschnitt

Vliesofix auf die Rückseite des Frotteestoffes in Rot, des Baumwollstoffes in Schwarz und des Plüsches in Braun bügeln. Vlieseline auf das kleinere Stück Velourleder-Imitat in Beige aufbügeln. Dabei ein dünnes Tuch zwischen die Stoffe und das Bügeleisen legen. Schnittmuster auf die Papierrückseite spiegelverkehrt übertragen und alle Teile ohne Nahtzugabe zuschneiden, nur bei der Ohrinnenfläche (Braun) an der Unterkante 1 cm Nahtzugabe anschneiden. Vier Ohren mit Vlieseline verstärktem Velourleder-Imitat und zwei Kopfteile aus dem großen Stück Velourleder-Imitat jeweils mit 1 cm Nahtzugabe zuschneiden.

Anleitung

Papier vom Vliesofix abziehen und alle Teile laut Markierung aufbügeln. Dann mit engem Zickzackstich und dem passenden Nähgarn applizieren. Mund laut Schnittmuster auf den Kopf übertragen und ebenfalls mit engem Zickzackstich nähen.

Je zwei Ohrenteile (mit und ohne appliziertem Innenohr) rechts auf rechts zusammennähen, dabei die untere Kante offen lassen. Die Ohren wenden und auf das Vorderteil der Husse knapp auf die Nahtzugabe steppen.

Vorder- und Rückenteil der Husse rechts auf rechts zusammennähen. Die untere Kante offen lassen. Die Husse wenden. An der offenen Kante einen 1 cm breiten doppelten Saum nähen.

GRÖSSE
ca. 48 cm hoch

MATERIAL
- Velourleder-Imitat in Beige, 85 x 43 cm und 35 x 30 cm
- Frotteestoff in Rot, Rest
- Plüschstoff in Braun, Rest (für die Ohren)
- Baumwollstoff in Schwarz, Rest
- Vliesofix, 40 x 15 cm
- Vlieseline H 180, 35 x 30 cm
- Nähgarn in Beige, Rot, Braun und Schwarz

SCHNITTMUSTER SEITE 87

Tipp

Die Husse können Sie individuell den Stuhlmaßen anpassen und natürlich auch vom Gesicht her variieren.

Stuhlhusse

Zuschnitt

Möchten Sie den Vorhang nicht zum Zuziehen, genügt für die Breite der beiden Vorhangteile jeweils einmal die Stoffbreite. Zum Zuziehen rechnet man für die Breite jeweils die Hälfte der Vorhangstangenlänge plus jeweils ca. 30 % Zugabe und auf beiden Seiten 6 cm Saumzugabe. Für die Vorhanglänge einmal die Länge von der Stange bis zum Boden messen und für den oberen Saum 6 cm, für den unteren Saum ca. 11 cm dazurechnen. Ein breiter Saum fällt schöner als ein schmaler. Da die Länge je nach Oberkantengestaltung variiert, wird die Länge erst endgültig festgelegt, wenn die Aufhängung fertig gestellt und der Vorhang an der Stange hängt. Soll der Vorhang auf dem Boden wolkig drapiert werden, müssen Sie noch zusätzlich zur Länge ca. 20–30 cm dazugeben, hier reicht dann auch ein schmalerer Saum.

Für die Schlaufen Streifen von 8 x 24 cm (fertige Breite 4 cm) mit ringsum 1 cm Nahtzugabe zuschneiden. Die Anzahl variiert je nach Vorhangbreite.

Anleitung

Für einen breiten Vorhang die Stoffbahnen aneinandersteppen und die Zugaben auseinander bügeln. Die Schlaufenteile rechts auf rechts längs zur Hälfte legen, die Längskanten schließen und wenden, bügeln, zur Hälfte legen und die Schmalkanten zusammengefasst versäubern. Die Säume an den oberen und den seitlichen Kanten bügeln. Zuerst den Saum an der Oberkante nähen, dabei jeweils am Anfang und Ende eine Schlaufe und die restlichen Schlaufen in gleichmäßigem Abstand zueinander zwischenfassen. Die Schlaufen nach oben bügeln und die Oberkante schmalkantig absteppen, dabei werden die Schlaufen mit festgenäht. Die seitlichen Säume steppen. Den Vorhang an die Stange hängen, die endgültige Länge festlegen und säumen.

GRÖSSE
je nach Fenstermaß

MATERIAL
- transparenter Stoff in Creme/Weiß mit Blüten, ca. 145 cm breit
- Leinenstoff in Natur/Schwarz mit Blüten, ca. 145 cm breit
- Nähgarn in Creme oder Natur

Küken und Huhn

Küken

Zuschnitt

Die Körperteile gemäß Schnittmuster zweimal aus dem Baumwollnesselstoff zuschneiden. Die Flügel viermal aus dem Nesselstoff und zweimal aus dem Volumenvlies zuschneiden.

Anleitung

Die Flügel rechts auf rechts legen. Auf der Oberseite das Volumenvlies feststecken und heften. Die Flügel bis auf die Wendeöffnung zusammennähen und wenden. An den markierten Linien Ziernähte steppen. Die Körperteile bis auf die Wendeöffnung zusammennähen und wenden. Für den Boden die Ecken 2 cm tief abnähen. Das Küken wie in der Grundanleitung beschrieben fertigen. Dann das Körperteil wenden und zuerst den Kopf stopfen. Danach den Boden mit Reis beschweren und Watte einfüllen. Die Wendenaht schließen und die Flügel gemäß Foto mit den Knöpfen festnähen.

Die Augen aufmalen und den Schnabel aus Filz fertigen und positionieren. Mit einer Stopfnadel ein Loch am Oberkopf stechen und die an den Enden mit Klebstoff versehenen Federn hineinstecken. Das Karoband um den Hals binden.

Huhn

Zuschnitt

Den Kopf zweimal nach dem Schnittmuster aus dem Baumwollnessel zuschneiden. Kamm und Kehllappen zweimal aus dem Filz zuschneiden.

Anleitung

Die Teile für den Kopf, den Kamm und die Kehllappen jeweils rechts auf rechts legen und bis auf die Wendeöffnungen zusammennähen. Kamm und Kehllappen wenden und flach mit Watte füllen, beim Kehllappen die Wendeöffnung schließen und in der Mitte eine Naht steppen. Den Kopf mit Watte füllen, den Kamm in die Wendeöffnung stecken und mit der Hand festnähen. Den Kehllappen gemäß Foto mit der Hand festnähen.

Die Augen aufmalen und den Schnabel aus Filz fertigen, die Konturen und Nasenlöcher zeichnen und festkleben. Nun den Karostoff säumen und als Tuch um den Hals binden. Die Eier an unterschiedlich langen Satinbändern aufhängen und diese am Rumpfansatz festnähen. Ein ca. 10 cm langes Satinband mit einer Stopfnadel durch den Oberkopf stechen und zu einer Schlaufe verknoten.

GRÖSSE
ca. 22 cm hoch

MATERIAL KÜKEN
- Baumwollnesselrest, 50 x 20 cm
- Volumenvliesrest, 20 x 10 cm
- Füllwatte, 100 g
- Reis oder Füllgranulat, 100 g
- Filzrest in Goldgelb
- 2 Knöpfe in Weiß, 150 cm ø
- 2 Marabufedern in Gelb, ca. 5 cm lang
- Karoband in Gelb, 1 cm breit, 60 cm lang

MATERIAL HUHN
- Baumwollnesselrest, 50 x 20 cm
- Karostoff, 40 x 40 cm
- Filz in Rot, 30 x 20 cm
- Füllwatte, 100 g
- Acrylfarbe in Weiß und Schwarz
- Filzrest in Goldgelb
- Satinband in Rot, 6 mm breit, 150 cm lang
- 4 bunt bemalte Hühnereier

SCHNITTMUSTER SEITE 88+89

Wichtel

GRÖSSE
ca. 42 cm hoch

MATERIAL
- Baumwollnesselrest, 30 x 10 cm
- Karostoff, 90 x 20 cm
- Filz in Rot, 40 x 30 cm
- Füllwatte, 200 g
- Draht, ca. 20 - 25 cm lang
- Doppelherz aus Holz, ca. 6 x 6 cm
- Satinband 1 cm breit, zweimal 20 cm lang
- Sisalrest (Haare)

SCHNITTMUSTER SEITE 90+91

Zuschnitt

Den Kopf des Wichtels zweimal und die Hände viermal aus dem Nesselstoff zuschneiden. Aus dem Karostoff den Körper zweimal und die Arme viermal zuschneiden. Das Mützenteil und die Füße zweimal aus dem Filz zuschneiden.

Anleitung

Die Mützen- und die Fußteile zusammennähen. Die Füße stopfen, dabei die oberen 3 cm frei lassen. Kopfteil und Rumpfteil jeweils zusammennähen. Nun die Handteile an den Armteilen ansetzen. Die Armteile an das Rumpfteil heften und anschließend feststeppen. Die beiden Körperteile rechts auf rechts legen und die Füße an den Markierungen verstürzt dazwischenfassen. Zuerst die untere Naht schließen, dann das restliche Teil bis auf die Wendeöffnung zusammennähen. Das Teil wenden und zuerst die Arme und den Kopf, anschließend den Körper stopfen.

Den Draht um einen Bleistift wickeln und abstreifen. Das Herz am Draht befestigen und um den Hals hängen. Ein Sisalbüschel (ca. 1,5 cm stark, 25 cm lang) mittig bündeln und auf dem Oberkopf festnähen. Anschließend Zöpfe flechten, mit dem Satinband zusammenbinden und die Mütze aufsetzen. Das Gesicht nach der Vorlage aufmalen.

Schneemann

GRÖSSE
ca. 88 x 31 cm

MATERIAL
- Baumwollnessel, 35 x 60 cm
- Karostoff, 18 x 90 cm
- Strickstoff in Gelb, 30 x 90 cm
- Strickstoff in Grün, 30 x 120 cm
- Volumenvlies, 18 x 90 cm
- Füllwatte, 1000 g
- Reis oder Füllgranulat, 500 g
- Figurendraht, 1 cm ø, 100 cm lang
- Acrylfarben in Schwarz, Rot und Orange
- Schwämmchen
- Zierkordel, 2 mm ø, zweimal 50 cm lang

SCHNITTMUSTER SEITE 92 + 93

Zuschnitt

Das Kopfrumpfteil mit den Beinen zweimal in einem Stück aus dem Baumwollnessel zuschneiden. Für die Mütze, den Schalkragen und die Stulpen nach den Maßangaben im Schittmuster einen Schnitt fertigen und die Teile je zweimal aus den Strickstoffen ausschneiden. Ebenso die Handschuhe nach dem Schnittmuster viermal zuschneiden. Für die Arme je einen Streifen von 18 x 90 cm aus Karostoff und aus Volumenvlies ausschneiden.

Anleitung

Das Kopfrumpfteil bis auf die Wendeöffnung zusammennähen und wenden. Zuerst den Kopf, dann die Füße und je ein Drittel der Beine mit Watte ausstopfen. Zum Beschweren der Figur den Reis einfüllen, die Figur weiter mit Watte ausstopfen und die Wendeöffnung schließen.

Das Gesicht nach der Vorlage aufmalen, die Bäckchen mit einem Schwämmchen mit roter Farbe auftupfen.

Die Mütze, den Schalkragen und die Stulpen mit Zickzackstich zusammennähen. Ebenso die Handschuhe bis auf die Öffnung zusammennähen.

Für die Arme das Vlies auf die rechte Seite des Stoffes legen, den Streifen längsseitig rechts auf rechts falten und zu einem Schlauch zusammennähen. Den Schlauch mithilfe eines Kochlöffels wenden. Nun die Enden des Figurendrahtes zu einer Schlaufe biegen und in den Armschlauch stecken. Die aus den Armen herausragenden Schlaufen mit Watte polstern, die Handschuhe überziehen und an den unteren Enden des Armschlauches mit der Hand festnähen. Schließlich das Armteil mittig um den Nacken legen und mit einigen Stichen rückseitig befestigen. Die Arme nach Belieben biegen. Den Schalkragen und die Stulpen überziehen und die Mütze aufsetzen.

Für die Schnürsenkel die Kordel auf eine dicke Stopfnadel auffädeln und die Füße an der markierten Stelle durchstechen. Beide Kordelenden kreuzen und das Fußteil erneut gegengleich durchstechen.

Tisch-Sets und Läufer

Tisch-Sets

Zuschnitt

Für ein Setteil je einmal 50 x 35 cm mit ringsum 3 cm Nahtzugabe zuschneiden.

Anleitung

Die Schnittkanten am Setteil versäubern. Das Set mit einem 3 cm breiten einfachen Saum mit Briefecken säumen (siehe auch Abbildungen A-C).

Läufer

Zuschnitt

Die Einzelteile für den Läufer je einmal nach den Maßen der Schemazeichnung mit jeweils 2 cm Nahtzugabe an den Nahtkanten und 3 cm Zugabe an den Saumkanten zuschneiden.

Anleitung

Die Schnittkanten versäubern und die Einzelteile entlang den Nahtkanten nach Schemazeichnung zusammensetzen. Die Nahtzugaben auseinander bügeln. Zuerst die Schmalkanten, dann die Längskanten mit einem 3 cm breiten einfachen Saum säumen.

GRÖSSE

Sets: je ca. 50 x 35 cm

Läufer: ca. 240 x 40 cm

MATERIAL FÜR 4 SETS

- Jacquardstoff (68 % Viskose, 27 % Baumwolle, 5 % Nylon) mit Blättermuster in Orange, ca. 90 x 150 cm
- Nähgarn in Orange

MATERIAL FÜR LÄUFER

- unifarbenen Stoff (60 % Leinen, 40 % Baumwolle) in Pink, ca. 95 x 150 cm
- Jacquardstoff (68 % Viskose, 27 % Baumwolle, 5 % Nylon) mit Blättermuster in Orange, ca. 20 x 150 cm
- Nähgarn in Pink und Orange

A

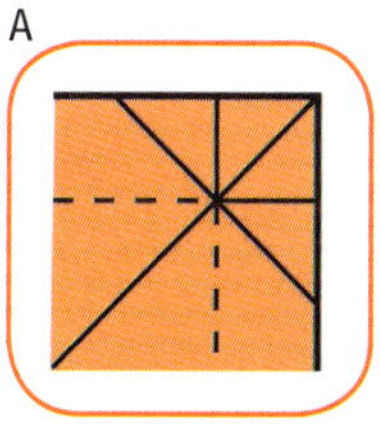

B

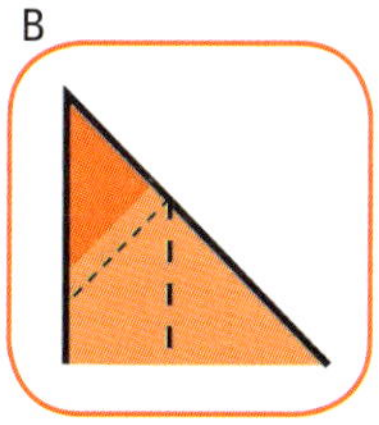

C

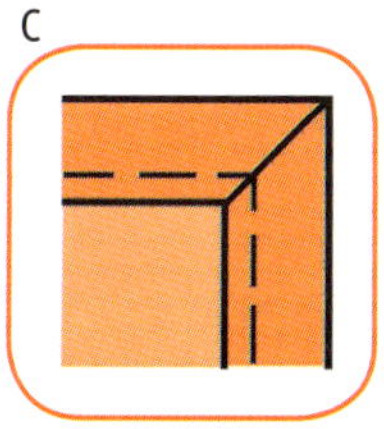

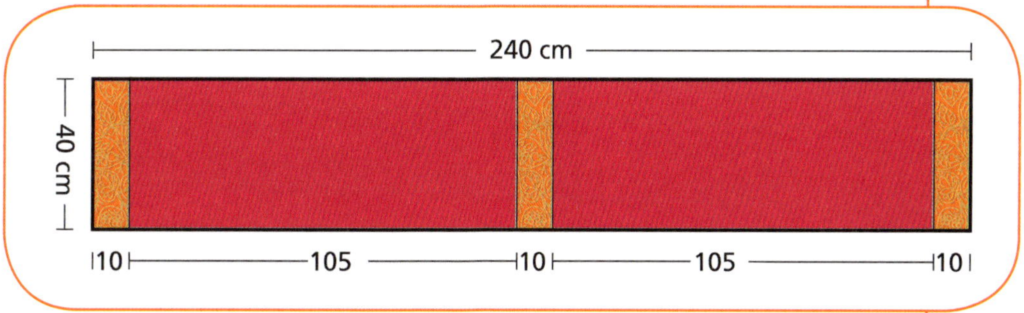

Tischdecke

Zuschnitt

Die Einzelteile für das Deckenteil und für die Umrandungsstreifen nach den Maßen der Schemazeichnung zuschneiden. Alle Teile mit ringsum 1 cm Nahtzugabe versehen.

Anleitung

Die Schnittkanten versäubern. Die Einzelteile für das Deckenteil und die Umrandungsstreifen nach der Schemazeichnung zusammensetzen, die Nahtzugaben jeweils auseinander bügeln und alle Ansatznähte schmalkantig ansteppen. Dabei darauf achten, dass die Blüten der Blümchen immer zur Deckenmitte schauen. Nun zuerst die Umrandungsstreifen links auf links der Länge nach zur Hälfte bügeln und wieder öffnen. Die kurzen Streifen mit einer Längskante rechts auf rechts an die Schmalkanten vom Deckenteil nähen, mit offener Schnittkante nach links umlegen und von rechts entlang der Ansatznaht schmalkantig absteppen. Die langen Streifen ebenso an die Längskante nähen, jedoch hier vor dem Umlegen die Schmalkanten der Streifen schließen.

GRÖSSE
ca. 240 x 160 cm

MATERIAL
- Baumwollstoff in Bunt kariert mit Blümchen, ca. 280 cm
- Baumwollstoff in Blau-weiß kariert, ca. 150 cm
- Nähgarn in Blau

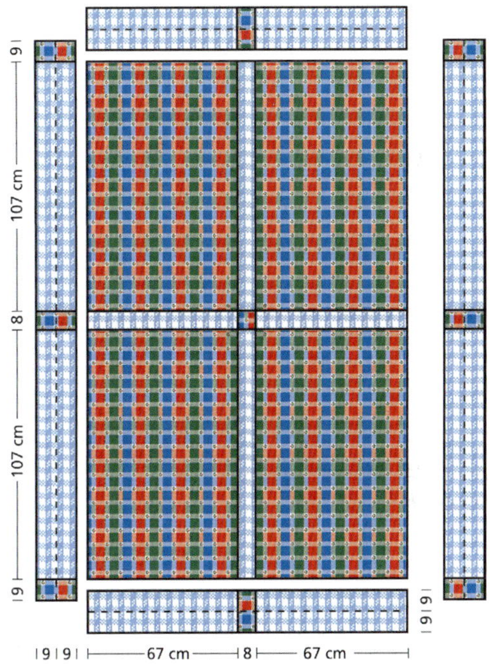

Tipp

Sehr schön sieht es auch aus, wenn Sie bei der Tischdecke unifarbenen Stoff mit längsgestreiftem Stoff kombinieren. Hier sollten Sie ganz nach Ihrem Geschmack wählen.

Eierwärmer

GRÖSSE
ca. 10 cm hoch

MATERIAL
- gestreiftes Halbleinen in Creme/Beige, ca. 15 x 165 cm
- Doppelgewebe mit Steppoptik in Creme, ca. 15 x 165 cm
- Vlieseline, ca. 15 cm
- Nähgarn in Creme
- vorgefalztes Schrägband in Creme
- Kordel in Weiß, ca. 4 mm ø
- Kordelstopper aus Metall

SCHNITTMUSTER SEITE 106

Zuschnitt

Je 6 Stoffteile und 3 Vlieselineteile laut Schnittmuster mit ringsum 1 cm Nahtzugabe zuschneiden.

Anleitung

Je zwei Stoffteile links auf links legen, die Vlieselineteile zwischenfassen und die drei Lagen schmalkantig zusammensteppen. Alle drei Teile entlang den Außenkanten zusammennähen. Die Zugaben leicht zurückschneiden, zusammengefasst versäubern, wenden und bügeln. Den unteren Rand mit Schrägband einfassen. Beide Enden von einem 30 cm langen Kordelstück (ca. 5 cm lang) von oben in den Kordelstopper einfädeln. Die überstehende Kordel oben zusammen verknoten, sodass eine Schlaufe entsteht (siehe Foto). Die Kordelenden verknoten. Die Kordelstopper auf die Spitze setzen und rechts und links festnähen.

Bestecktasche

GRÖSSE
ca. 28 x 29 cm

MATERIAL
- Baumwollstoff in Creme/Weiß mit Orangenbordüre, ca. 35 x 165 cm
- Doppelgewebe mit Steppoptik in Creme, ca. 35 x 165 cm
- Volumenvlies H 640, ca. 35 cm
- Nähgarn in Creme
- vorgefalztes Schrägband in Creme
- Webband in Beige, 2 cm breit
- Pelzhaken-Clip mit Öse in Silber

Zuschnitt

Das äußere und innere Taschenteil von 43 x 28 cm je einmal aus den Stoffen und einmal aus Volumenvlies ohne Nahtzugabe zuschneiden. Beim Zuschneiden des äußeren Taschenteils auf die dunkle Bordüre achten (siehe Foto).

Anleitung

Das äußere Taschenteil mit Volumenvlies verstärken. Die Taschenteile links auf links legen und die untere Schmalkante (an der Bordüre) mit Schrägband einfassen. Diese Schmalkante in Bordürenbreite nach oben umlegen, sodass die Bordüre obenauf liegt, und die vier Taschen im Abstand von 7 cm absteppen. Die restlichen Kanten einfassen. Für den Verschluss vom Webband 34 cm abschneiden, bis zur Hälfte in die Öse fädeln und die Enden eingeschlagen. Am Pelzhaken festnähen. Die Tasche rollen, den Verschluss umlegen und einhängen.

Zuschnitt

Das vordere und rückwärtige Topflappenteil je einmal nach dem Schnitt aus groß kariertem Stoff und einmal aus Volumenvlies zuschneiden. Jeweils einmal 4 cm breite Schrägstreifen für die Einfassung aus rot und blau kariertem Stoff zuschneiden, die Nahtzugabe ist enthalten (fertige Breite = 1 cm, Gesamtlänge für ein Herz ca. 120 cm).

Anleitung

Das vordere und rückwärtige Topflappenteil links auf links stecken, dabei das Volumenvlies zwischenfassen. Die Schrägstreifen entlang den Schmalkanten zusammennähen, die Zugaben auseinander bügeln und die Herzen ringsum 1 cm breit einfassen. Für den Aufhänger von dem restlichen Schrägband ein ca. 14 cm langes Stück abschneiden. Die Längskanten vom Aufhänger 1 cm breit nach links umbügeln, dann den Aufhänger noch einmal zur Hälfte bügeln und schmalkantig absteppen. Den Aufhänger mit eingeschlagenen Schmalkanten oben in der Herzmitte festnähen.

GRÖSSE
ca. 30 x 30 cm

MATERIAL
- Baumwollstoff in Rot-Blau Grün groß kariert, 40 x 150 cm
- Baumwollstoff in Rot kariert, ca. 40 x 40 cm
- Baumwollstoff in Blau kariert, ca. 40 x 40 cm
- Nähgarn in passender Farbe
- Volumenvlies 280, ca. 40 x 90 cm

SCHNITTMUSTER
auf 260 % vergrößern

Tipp

Natürlich lassen sich auf genau dieselbe Art und Weise auch runde, quadratische oder rautenförmige Topflappen nähen. Ihrer Kreativität sind keine Grenzen gesetzt. Dazu einfach nur ein entsprechendes Schnittmuster anfertigen und schon kann's losgehen.

Herz-Topflappen

Ordnungsregal

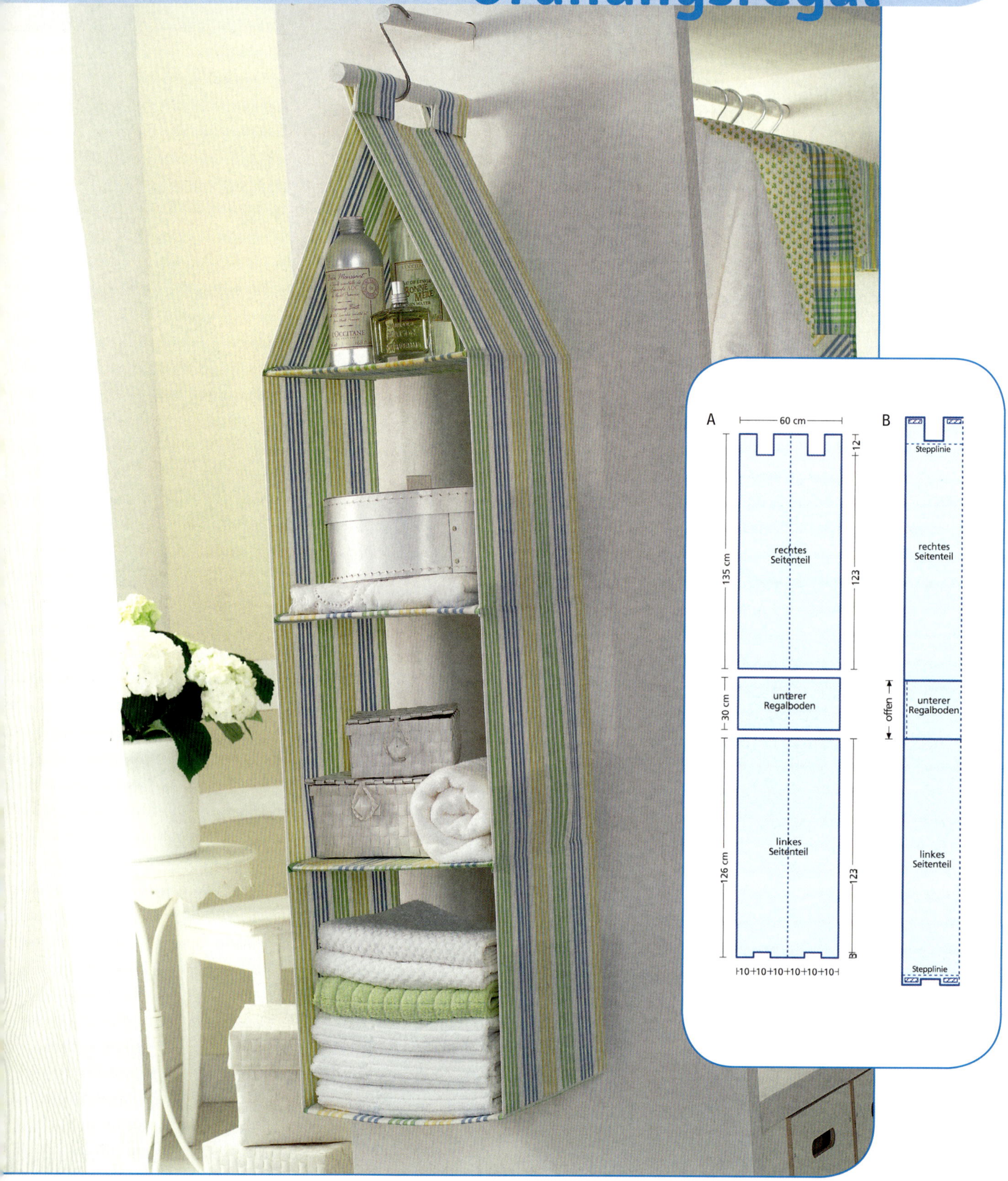

Zuschnitt

Das rechte und linke Seitenteil je einmal laut Schemazeichnung A aus dem gestreiften Baumwollstoff, den unteren Regalboden einmal 30 x 60 cm ebenfalls aus dem gestreiften Stoff, die Stoffteile für die oberen Regalböden dreimal 32 x 60 cm (einmal aus dem gestreiften und zweimal aus dem karierten Stoff) zuschneiden. Alle Teile mit ringsum 1 cm Nahtzugabe versehen.

Anleitung

Die Schmalkanten aller Regalböden versäubern und 1 cm breit säumen. Den unteren Regalboden mit den Längskanten rechts auf rechts an die geraden Schmalkanten der Seitenteile steppen. Die Zugaben der Seitenteile stehen rechts und links über. Die Nahtzugaben auseinander bügeln. Das Stoffteil rechts auf rechts längs zur Hälfte legen und jeweils bis zum unteren Regalboden verstürzen (siehe Schema B). Die Zugaben an den Ecken zurück- bzw. einschneiden, wenden und bügeln. Die Ansatznähte am unteren Regalboden schmalkantig absteppen. Die gesäumten Kanten der oberen Regalböden jeweils rechts auf rechts legen und die Seitenkanten schließen, die gesäumten Kanten bleiben offen. Nun die Regalböden jeweils im Abstand von 30 cm zum unteren Boden und zueinander mit 1 cm breiter Naht an die Seitenteile steppen. Dabei schauen die Zugaben wie beim unteren Regalboden nach unten und die offenen Kanten nach hinten (siehe Schema C). Die Seitenteile oben passgenau aufeinanderlegen (die verstürzten Mittelnähte liegen aufeinander) und zusammensteppen (siehe auch Stepplinien, Schema B). Das Klettband (siehe schraffierte Flächen, Schema B) wie folgt auf die Laschen nähen: die weiche Seite auf die Innenseite der langen Laschen, die raue Seite auf die Außenseite der kurzen Laschen. Das Rundholz weiß streichen, das Regal mit den Laschen am Rundholz befestigen und mit dem Haken aufhängen.

GRÖSSE
ca. 30 x 126 cm

MATERIAL
- Baumwollstoff in Gelb-Blau-Grün kariert mit Blümchen, ca. 70 x 150 cm
- Baumwollstoff in Blau-Gelb-Grün gestreift, ca. 210 x 150 cm
- Nähgarn in passender Farbe
- Klettband
- 4 Sperrholzplatten, 29 x 29 cm, 4 mm stark
- 1 Rundholz, 40 cm lang, 2 cm ø
- Schleifpapier
- Acrylfarbe in Weiß
- Pinsel
- 1 Metallhaken

C

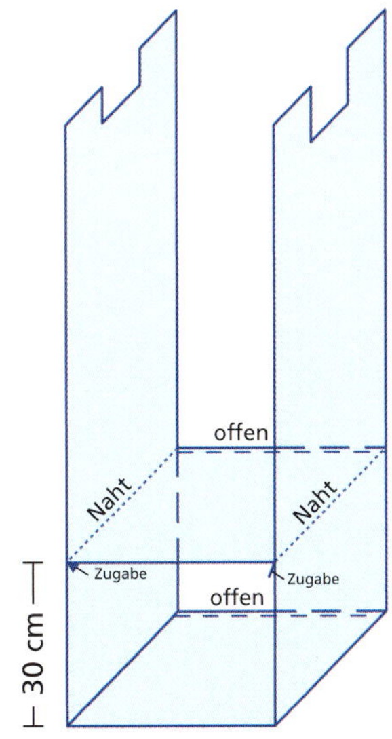

Bügelpolster

Zuschnitt

Zunächst Schnitt anfertigen: Die Zeichnung (hier zählt die durchgezogene Linie) auf Transparentpapier pausen, ab der gestrichelten Mittellinie gegengleich ergänzen und ausschneiden.

Das vordere und rückwärtige Polsterteil je einmal laut Schnittteil aus Stoff und Vlieseline und die Streifen für das aufgenähte Band einmal 42 x 5 cm (fertige Breite 2,5 cm) aus Stoff ausschneiden. Alle Teile mit 1 cm Nahtzugabe, die Polsterteile entlang der unteren geraden Saumkante mit 2,5 cm Zugabe zuschneiden.

Anleitung

Die Polsterteile mit Vlieseline verstärken und die Schnittkanten versäubern. Den Saum 2,5 cm breit nach links umbügeln und 2 cm breit feststeppen. Die Streifen für das Band rechts auf rechts längs zur Hälfte legen, die Längskanten schließen, wenden und bügeln. Das Band mit 4 cm Abstand zur Saumkante auf einem Polsterteil feststecken und mit 6 Längsnähten fixieren (Abstand zu den Seitenkanten 7 cm, Abstand zueinander 6 cm). Die Polsterteile rechts auf rechts legen und zusammennähen, dabei oben in der Mitte für den Bügel ein kleines Stück Naht offen lassen, wenden und bügeln.

GRÖSSE
ca. 42 x 20 cm

MATERIAL PRO BÜGELPOLSTER

- ca. 30 x 150 cm

  Baumwollstoff in Gelb-Grün gestreift oder

  Baumwollstoff in Gelb-grün mit großen Blumen oder

  Baumwollstoff in Blau-Gelb-Grün mit schmalen Streifen oder

  Baumwollstoff in Gelb-Grün mit kleinen Blümchen
- Nähgarn in passenden Farben
- Vlieseline H 640, ca. 30 cm
- Transparentpapier

SCHNITTMUSTER SEITE 93

Tipp

Mit diesen Bügelpolstern lassen sich alle Bügel ganz schnell und leicht aufpeppen. So bringen Sie neuen Schwung und neue Farbe in Ihren Kleiderschrank und schonen zudem noch Ihre Kleidung.

GRÖSSE
ca. 30 cm hoch

MATERIAL
- Frotteestoff in Weiß, 30 x 100 cm
- Baumwollstoff in Bunt gestreift, 50 x 50 cm
- Nähfaden in Schwarz und Weiß
- doppeltklebende Vlieseline, 20 x 20 cm

SCHNITTMUSTER SEITE 94

Zuschnitt

Die Teile vom Schnittmuster ohne Nahtzugabe mit allen Markierungen auf den Stoff übertragen und zuschneiden.

Anleitung

Den Kuhfleck, die Augen und die Schnauze mit niedriger Temperatur auf Vlieseline aufbügeln. Die Motivteile ausschneiden, die Trägerschicht abziehen und auf die vordere Kopfhälfte aufbügeln. Alle Kanten mit schwarzem Faden in dichtem Zickzackstich umsticken. Bei den Augen wird nur der obere Rand mit schwarzem Faden umstickt.

Für die Ohren je ein Frottee-Teil und ein gestreiftes Stoffteil rechts auf rechts aufeinanderlegen, zusammensteppen und wenden. Mit den Laschen-Hörnern ebenso verfahren.

Die zwei Waschlappenteile rechts auf rechts aufeinanderlegen, die Ohren an den markierten Stellen von innen zwischenfassen, die Kanten schließen und wenden. Die obere Kante nach innen umschlagen, die Laschen-Hörner an den markierten Stellen an den Kanten auflegen und die obere Kante rund umnähen.

Tipp

Dieser pfiffige Waschlappen garantiert ungetrübten Badespaß. Variieren Sie doch die Motive: Niedlich sind auch ein Kätzchen, ein Hund oder ein Bär.

Waschlappen

Kulturbeutel

Zuschnitt

Für das äußere Beutelteil drei Streifen à 7 x 37 cm je einmal aus dem Baumwollstoff mit großen Blumen, einmal aus dem hellblauen Baumwollstoff mit kleinen Blümchen und einmal aus dem Baumwollstoff in Rosa-Pink mit Blumen zuschneiden. Das Seitenteil zweimal laut Schemazeichnung aus dem gestreiften, hellblauen Baumwollstoff zuschneiden. Das Futterteil einmal in Größe von 21 x 37 cm und zwei Seitenteile laut Schemazeichnung aus dem rosafarbenen Baumwollstoff mit kleinen Blümchen zuschneiden. Alle Teile mit ringsum 1 cm Nahtzugabe versehen.

Anleitung

Die Streifen für das äußere Beutelteil an den Längskanten zusammennähen, dabei an einer Naht den Paspel zwischenfassen. Die zweite Naht mit der Litze verzieren. Die Rückseite des äußeren Beutelteils und der gestreiften Seitenteile mit Vlieseline verstärken. Die Zugaben an den oberen Schmalkanten der Seitenteile nach links umbügeln. Die Seitenteile so an den Längskanten des äußeren Beutelteils einsetzen, dass das Beutelteil oben auf beiden Seiten 2 cm breit übersteht. Die Zugaben einschneiden und nach links umbügeln. Den Reißverschluss einsetzen. Die Futterteile wie das Beutelteil zusammennähen, links auf links in den Beutel schieben und mit eingeschlagenen Zugaben und Handstichen gegennähen. Mit dem Ring und dem Satinband einen Griff anbringen (siehe Foto).

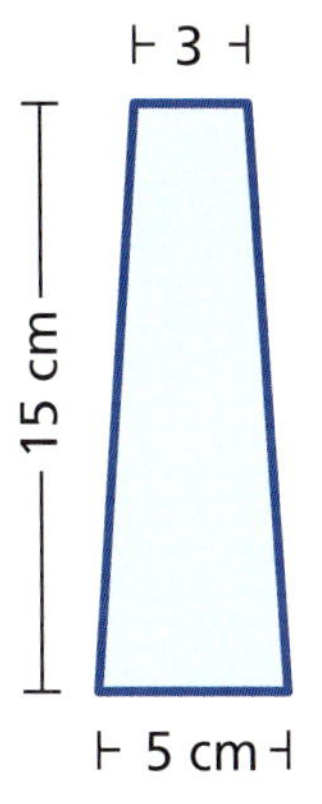

GRÖSSE
ca. 21 x 16 cm

MATERIAL
- Baumwollstoff mit großen Blumen, 15 x 45 cm
- Baumwollstoff in Hellblau mit kleinen Blümchen, 15 x 45 cm
- Baumwollstoff in Rosa-Pink mit Blumen, 15 x 45 cm
- Baumwollstoff in Hellblau gestreift, 20 x 20 cm
- Baumwollstoff in Rosa mit kleinen Blümchen, 25 x 60 cm
- Nähgarn
- 1 Reißverschluss, 21 cm lang
- Vlieseline H 250
- Paspel in Hellblau
- Zackenlitze in Rosa
- Satinbandrest in Pink
- Metallring, 2 cm ø

Näh-Utensilo

Tipp

Vor dem Zusammenrollen die Längsseite mit der Tasche nach links einschlagen. Das Utensilo mit den Bändern zubinden.

Zuschnitt

Das äußere und innere Utensiloteil jeweils einmal 32 x 24 cm aus dem kariertem Baumwollstoff mit Blümchen und aus dem Baumwollstoff mit großen Blumen und einmal aus Vlieseline jeweils mit 1 cm Nahtzugabe zuschneiden. Die Tasche einmal laut Schemazeichnung aus dem Baumwollstoff mit kleinen Blümchen zuschneiden.

Anleitung

Das äußere Utensiloteil mit Vlieseline verstärken. Die Teile rechts auf rechts legen, zusammennähen, dabei den Paspel ringsum zwischenfassen und zusätzlich das zur Hälfte gelegte Wäscheband (= Bindebänder) mittig an einer Schmalseite zwischenfassen. Ein Stück Naht offen lassen, wenden, bügeln und die offene Naht mit Handstichen schließen. Auf die Innenseite mit 9 cm Abstand zu einer Längskante das Gummiband so festnähen, dass Schlaufen für die Utensilien entstehen (siehe Foto). Die Schnittkanten am Taschenteil versäubern, die obere Schmalkante 2 cm breit einfach säumen, die untere Schmalkante 1 cm breit nach links umbügeln. Dann die Zugaben an den Längskanten 1 cm breit umbügeln und die Faltenbrüche einbügeln. Die Tasche zuerst entlang den Längskanten festnähen (die Falten bleiben offen), dann die untere Schmalkante (die Falten sind eingelegt) festnähen.

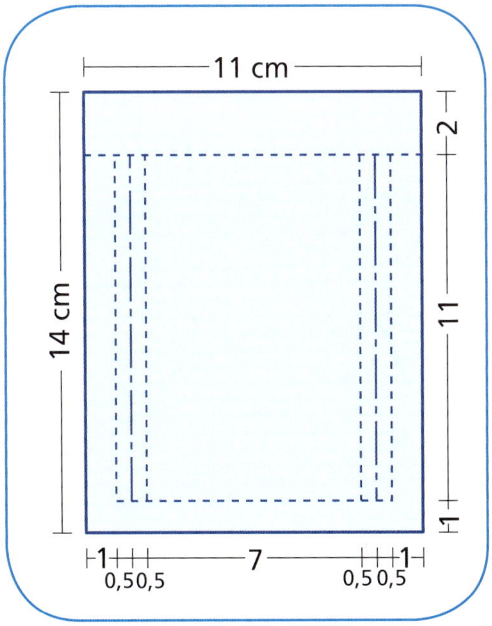

GRÖSSE
ca. 32 x 24 cm

MATERIAL

- Baumwollstoff in Gelb-Blau-Grün kariert mit Blümchen, ca. 40 x 30 cm
- Baumwollstoff in Gelb-Grün mit großen Blumen, ca. 40 x 30 cm
- Baumwollstoff in Gelb-Grün mit kleinen Blümchen, ca. 20 x 20 cm
- Nähgarn in Gelb und Grün
- Vlieseline H 640, ca. 40 x 30 cm
- Paspelband in Weiß, ca. 120 cm
- Wäscheband in Weiß, ca. 1,5 cm breit, ca. 80 cm
- weiches Gummiband in Weiß, ca. 1,5 cm breit, ca. 40 cm

Zuschnitt

Den alten Bezug abnehmen und das neue Teil nach dem alten zuschneiden (je einmal aus Stoff und Vlieseline). Oder den alten Bezug abnehmen, Bügelbrett mit der Oberseite nach unten auf einen Papierbogen legen und die Umrisse übertragen. Das Schnittteil ausschneiden und das Stoff- und Vlieselineteil mit 4–5 cm Zugabe zuschneiden.

Anleitung

Das Stoffteil mit Vlieseline verstärken, die Schnittkanten mit dem Schrägband einfassen. Dabei an der hinteren geraden Kante beginnen, die Enden vom Schrägband eingeschlagen und anstoßend, nicht übereinander festnähen! Mithilfe der Durchziehnadel die Kordel einziehen. Das Vlies auflegen und den Bezug aufziehen. Die Kordel anziehen und zur Schleife binden.

GRÖSSE
ca. 74 x 32 cm

MATERIAL
- Tischbügelbrett
- Baumwollstoff in Gelb-Grün mit großen Blumen, ca. 50 x 150 cm
- Nähgarn in Weiß
- vorgefalztes Schrägband in Weiß
- Vlieseline H 640, ca. 50 cm
- Durchziehnadel
- dünne Baumwollkordel in Weiß, 3 mm ø

Tipp

Selbstverständlich können Sie nicht nur ein Tischbügelbrett neu überziehen. Auch Armbügelbretter lassen sich auf dieselbe Art prima neu umkleiden.

Bügelbrettbezug

Inletts für Einkaufskörbe

Zuschnitt

Das komplette Inlett einmal entsprechend den Korbmaßen nach der Schemazeichnung zuschneiden. Die Stoffstreifen für Rüschen zweimal je 7 cm breit (fertige Breite 3,5 cm) zuschneiden. Die Länge entspricht jeweils einmal dem Korbumfang. Die Schrägstreifen zum Einfassen einmal 2 cm breit (fertige Breite 1 cm) in der Länge des Korbumfangs zuschneiden. Die Bindebänder zweimal je 50 cm lang und 2 cm breit (fertige Breite 1 cm) zuschneiden. Alle Teile mit ringsum 1 cm Nahtzugabe versehen.

Anleitung

Am Inlett die Seitennähte schließen. Die Stoffstreifen für die Rüschen jeweils der Länge nach rechts auf rechts legen und die Schmalkanten zusammensteppen. Die Nahtzugabe zurückschneiden und an den Ecken schräg abschneiden. Die Streifen wenden, die Nahtkanten bügeln und die offenen Längskanten zusammengefasst einreihen (Länge = 1/2 Korbumfang minus der Henkelbreite). Die obere Inlettkante ringsum 1 cm breit mit den Schrägstreifen einfassen, dabei die Rüschen so zwischenfassen, dass jeweils rechts und links die Henkelbreite ausgespart bleibt (siehe Foto). Die Längskanten der Bänder nach links umbügeln, dann die Bänder noch einmal längs zur Hälfte bügeln und schmalkantig zusammensteppen. Die Bänder jeweils mittig an der Henkelaussparung rechts und links feststeppen. Das Inlett in den Korb passen, die Rüschen über den Rand legen und die Bindebänder um den Henkel zur Schleife binden.

GRÖSSE
je nach Korbgröße

MATERIAL PRO KORB
- 1 Spankorb mit Henkel
- Baumwollstoff in Blau oder Rot oder Grün kariert, Maße je nach Korbgröße
- Nähgarn in passenden Farben

Tipp

Solche Inletts sehen auch in einem Weidenkorb zum Einkaufen sehr dekorativ aus.

Geflochtene Tasche

Zuschnitt

Auf der Rückseite eines der großen Filzstücke am oberen Rand 16 cm von links abmessen und einen Punkt mit dem Textilstift machen, dann 16 cm von rechts abmessen. Es verbleiben dadurch genau 5 cm in der Mitte. Nun von oben im Abstand von 1 cm 16 jeweils 5 cm breite, parallele Schlitze mit dem Cutter in den Filz schneiden. Auf die gleiche Weise 16 jeweils 5 cm breite Schlitze im Abstand von 1 cm von unten her einschneiden.

Für die senkrechten Schlitze in der Mitte auf der linken Seite von oben her 16 cm abmessen und einen Orientierungspunkt mit dem Textilstift setzen, von unten ebenfalls 16 cm abmessen. Es verbleiben wieder 5 cm in der Mitte. Nun von links nach rechts 15 jeweils 5 cm lange Schlitze im Abstand von 1 cm anbringen. Dann von rechts nach links ebenfalls 15 solche Schlitze schneiden.

Anleitung

Jeweils waagerecht und senkrecht drei der 45 cm langen Filzbänder abwechselnd so einweben, dass sich die Enden alle auf der zukünftigen Innenseite befinden (siehe Foto). Die Bänder bündig abschneiden und mit einem Stich mit der Hand festnähen. Die Vorder- und Rückseite bündig an den beiden Seitenteilen und dem Boden mit Stecknadeln feststecken. Anschließend die Tasche so vernähen, dass ein ca. 5 mm breiter Zierrand verbleibt. Das hellblaue Nähgarn verläuft dabei auf der Ober-, das cremefarbene Nähgarn auf der Unterseite. Die beiden restlichen, 30 x 3 cm großen Filzstücke in Creme als Taschengriffe an den Innenseiten der Vorder- und Rückseite anbringen. Dabei zum Seitenrand jeweils ca. 10 cm lassen und nach oben ca. 2 cm.

GRÖSSE
ca. 37 cm hoch

MATERIAL
- Textilfilz in Hellblau, 3 mm stark, zweimal 37 x 37 cm
- Textilfilz in Creme, 3 mm stark, dreimal 37 x 7 cm (Seiten- und Bodenteile), zweimal 30 x 3 cm (Griffe) und sechsmal 1 x 45 cm (Streifen zum Einweben)
- Textilstift

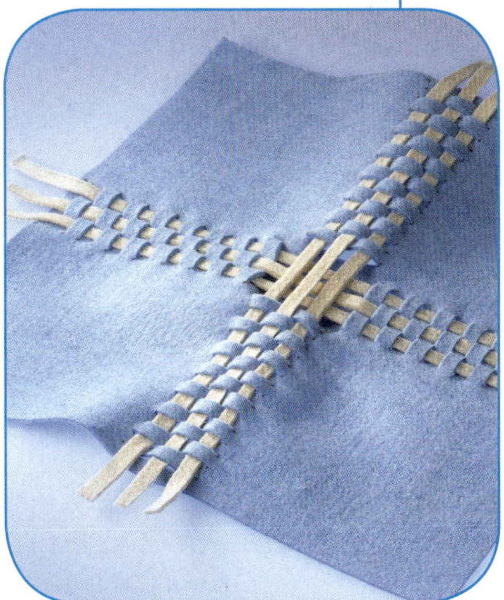

Tipp

Die Tasche sieht auch sehr schön aus, wenn man in der Mitte zusätzlich eine cremefarbene Filzblüte anbringt.

Hunde-Geldbörse

GRÖSSE
ca. 13 x 9 cm

MATERIAL
- Mohair in Rotbraun, 4 mm-Flor, 35 x 30 cm
- Alcantara in Dunkelbraun, 10 x 10 cm
- Alcantara in Beige, 5 x 4 cm
- Klettband in Braun, ca. 1 cm breit, 7 cm
- Nähfaden in Dunkelbraun und Beige
- Bügelvlies für Applikationen, 10 x 10 cm

SCHNITTMUSTER SEITE 94

Zuschnitt

Alle Teile aus Mohair gemäß Schnittmuster samt 1 cm Nahtzugabe ausschneiden. Das Bügelvlies von hinten auf das Alcantara bügeln. Nase, Augen und Augenfleck ohne Nahtzugabe ausschneiden.

Anleitung

Das Papier vom Bügelvlies abziehen und die Nase und den Augenfleck auf das Gesicht aufbügeln. Dabei ein dünnes Tuch zwischen den Hundekopf und das Bügeleisen legen. Achtung: Legen Sie das Bügeleisen nicht direkt auf das Mohair!
Die Nase und den Augenfleck mit Zickzackstichen (kleine Breite, enge Stichlänge) in Dunkelbraun umnähen. Die Augen ebenso aufbügeln und in Beige umnähen.

Je zwei Ohrenteile rechts auf rechts legen und zusammennähen, dabei oben ein Stück zum Wenden offen lassen. Die Ohren wenden und mit kleinen Zickzackstichen am oberen Rand gemäß Vorlage annähen.

Den Klettverschlussstreifen trennen. Je ein Teil von innen an den oberen Rand des Vorder- und Hinterkopfes nähen. Dabei die Ohren mit festnähen. Beide Kopfteile rechts auf rechts legen und zusammennähen. Darauf achten, dass beim Nähen die Ohren nicht in die Seitennaht mit eingenäht werden. Die obere Klettverschlusskante für den Eingriff offen lassen und die Geldbörse wenden. Die Ohren nach unten klappen und mit kleinen Stichen von Hand an der Seitennaht fixieren. Die Pupillen mit Permanentmarker aufmalen.

Duftkissen

GRÖSSE
15 x 20 cm

MATERIAL PRO SÄCKCHEN

- farbiger Satin- oder Futterstoff, 15 x 50 cm
- durchscheinender Organza („Crash-Organza") oder ein Tischband aus Spitze, 15 x 50 cm
- Faden in passender Farbe
- Borten in passender Farbe
- Duftpotpourri oder duftende Blüten (Füllung)

Anleitung

Satin- bzw. Futterstoff und Organza übereinanderlegen, die schmalen Kanten (sind später oben am Säckchen) erst 2 cm und dann noch mal 3 cm nach innen umschlagen, feststecken und festnähen. Borten oder Bänder, falls gewünscht, auf der Außenseite aufnähen. Die Stoffbahn rechts auf rechts zusammenlegen und in der Mitte falzen, dann zusammennähen, die Kanten versäubern und das Säckchen wenden. Duftende Blüten als Füllung hineingeben, dann das Säckchen mit einer Kordel oder einem Band verschließen.

Langhals-Ente

Zuschnitt

Alle Teile gemäß Schnittmuster zuschneiden. Den Körper zweimal aus Frotteestoff, die Füße viermal und den Schnabel zweimal aus Jerseystoff. Für das Halstuch freihand aus dem gemusterten Baumwollstoff ein Dreieck zuschneiden.

Anleitung

Die zwei Schnabelteile rechts auf rechts aufeinander steppen, durch die Öffnung am oberen Rand wenden und mit etwas Füllwatte stopfen. Nicht zunähen! Mit den Füßen ebenso verfahren. Die Füße laut Markierung auf die Nahtzugabe des vorderen Körperteiles steppen.

Die beiden Körperteile rechts auf rechts zusammennähen und die Ente durch die Stopföffnung wenden. Den Kopf und den Hals mit Füllwatte stopfen, den Bauch mit Granulat füllen und mit etwas Watte bedecken. Die Öffnung von Hand mit Matratzenstich schließen. Den ausgestopften Schnabel laut Schnittmuster im Matratzenstich am Kopf festnähen. Unter dem Schnabel laut Markierung mit ein paar Stichen von Hand den Körper zusammennähen, damit die Füllwatte nicht aus dem Kopf rutschen kann.

Die Augen mit Perlgarn und Plattstich aufsticken. Die Nasenlöcher mit Nähgarn aufsticken. Die Haare auf dem Kopf einknoten. Die Ränder des Halstuches entweder mit der Overlockmaschine oder mit einem einfachen bzw. doppelten Saum versäubern.

GRÖSSE
ca. 40 cm hoch

MATERIAL
- Frotteestoff in Orange, ca. 45 x 40 cm
- Jerseystoff in Orange-Rot geringelt, Rest
- Baumwollstoff in Bunt gemustert (farblich passend), Rest
- Füllwatte, Rest
- Granulat, Rest
- Perlgarn in Dunkelgrau
- Nähgarn in Orange

SCHNITTMUSTER SEITE 96

Skizze: Halstuch

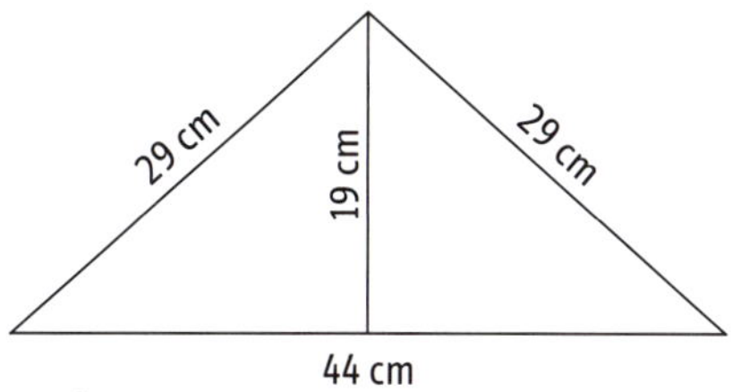

Tipp

Zum Versäubern der Ränder eines Halstuches ist eine Overlockmaschine sehr praktisch, da sie in einem Arbeitsgang die Kante des Stoffes gerade abschneidet und versäubert.

Schlenkertiere Hahn und Ente

Ente

Zuschnitt

Alle Teile laut Schnittmuster zuschneiden. Die beiden Teile für den Körper und die Sitzfläche aus dem gelben Nicki-Stoff zuschneiden. Die Schnabelteile und die Fußteile aus dem orangefarbenem Nicki-Stoff und die Schlenkerbeine aus dem geringelten Nicki-Stoff zuschneiden.

Anleitung

Die Beine der Länge nach rechts auf rechts zusammenlegen und die Längsseiten steppen. Oben und unten offen lassen und die Beine wenden.

Je zwei Füße rechts auf rechts aneinandernähen. Dabei oben offen lassen und durch diese Öffnung wenden. Die Fußnaht laut Markierung steppen. Die Füße mit etwas Granulat füllen. Die Nahtzugabe der Füße nach innen einschlagen, die Beine hineinstecken und knapp an der Kante entlang die Füße an die Beine steppen. Die beiden Schnabelteile rechts auf rechts zusammensteppen und durch die Öffnung am oberen Rand wenden. Mit etwas Füllwatte stopfen und in der Nahtzugabe mit einer Naht schließen.

Das Körperteil an der Mittellinie entlang zusammenlegen und die Rückennaht schließen. Den Schnabel in den Körper schieben. Dabei die Markierungen beachten. Die Schnabelrundung zeigt nach innen. Den Schnabel mit dem Körper zusammensteppen. Die Beine in der Nahtzugabe am Körper fixieren. Die Sitzfläche rechts auf rechts in den Körper einpassen und die Wendeöffnung laut Markierung offen lassen. Die Ente wenden und mit Watte und Granulat füllen. Dafür zuerst den Kopf mit Füllwatte stopfen, dann etwas Granulat einfüllen und mit Watte bedecken. Die Stopföffnung mit Matratzenstich schließen. An der Markierung unterhalb des Kopfes mit ein paar Stichen von Hand die beiden Körperhälften zusammennähen, sodass die Füllwatte nicht mehr verrutschen kann. Die Perlen als Augen befestigen. Ein 10 cm langes Stück Perlgarn doppelt in den Kopf einziehen. Die losen Enden durch die Schlaufe schieben und festziehen.

Hahn

Zuschnitt

Alle Teile laut Schnittmuster ausschneiden. Aus dem weißen Nicki-Stoff die zwei Teile für den Körper und die Sitzfläche. Den Schnabel aus dem gelben Nicki-Stoff. Den Hahnenkamm und die Kehllappen je zweimal und für die Füße zweimal die drei Teile aus rotem Nicki-Stoff zuschneiden. Beine und Schal aus dem geringelten Nicki-Stoff zuschneiden.

Anleitung

Jeweils die beiden Teile für die Kämme rechts auf rechts zusammennähen und durch die Öffnung am unteren Rand wenden.

Die Beinteile der Länge nach rechts auf rechts zusammenlegen und die Längsseiten zusammensteppen. Die Beine wenden. Laut Markierung auf die vorderen Fußoberteile nähen. Dabei die Beine auf der Stoffoberseite in der Nahtzugabe so feststeppen, dass die Beine in Richtung der Zehen liegen. Die vorderen und hinteren Fußoberteile rechts auf rechts auf die Unterteile nähen. Dafür die Beine aus der Fußöffnung heraus legen. Die Füße wenden, mit Granulat füllen und die Öffnung mit Matratzenstich schließen.

Das Schnabelteil rechts auf rechts an den Körper steppen. Den Körper mit der rechten Stoffseite nach innen zusammenlegen und dann die Rückennaht schließen.

Weiter wie bei der Ente beschrieben.

Den Kamm und den Kehllappen mit Matratzenstich annähen. Die Perlen als Augen befestigen. Den Schal der Länge nach rechts auf rechts zusammenlegen, die Längsseite und eine kurze Seite nähen und den Schal wenden. Die Öffnung mit Matratzenstich schließen.

GRÖSSE
Ente:
ca. 27 cm hoch
Hahn:
ca. 28 cm hoch

MATERIAL ENTE
- Nicki-Stoff in Gelb, 45 x 20 cm
- Nicki-Stoff in Orange und Lila-Weiß geringelt, Reste
- Füllwatte, Rest
- Granulat, Rest
- 2 Perlen in Schwarz, 4 mm ø
- Perlgarn in Schwarz
- Nähgarn in Orange, Gelb und Weiß

MATERIAL HAHN
- Nicki-Stoff in Weiß, 45 x 20 cm
- Nicki-Stoff in Gelb, Rot und Lila-Weiß geringelt, Reste
- Füllwatte, Rest
- Granulat, Rest
- 2 Perlen in Schwarz, 2,5 mm ø
- Nähgarn in Weiß, Gelb und Rot

SCHNITTMUSTER SEITE 96+97

GRÖSSE
ca. 30 cm hoch

MATERIAL
- Baumwollstoff mit Kräutern bedruckt, ca. 50 x 150 cm
- Nähgarn in passender Farbe
- Schleifenband in passender Farbe

Zuschnitt

Das vordere und rückwärtige Hüllenteil je einmal 16 x 42 cm mit ringsum 1 cm Nahtzugabe zuschneiden.

Anleitung

Die Schnittkanten versäubern und jeweils die obere Schmalkante der Hüllenteile 8 cm breit nach links umbügeln. Die Hüllenteile rechts auf rechts legen, die Seiten- und Bodennaht schließen. Die Ecken am Boden abnähen, dafür jeweils die Seitennaht rechts auf rechts treffend auf die Bodennaht legen und die dabei entstandene Ecke 4 cm breit absteppen. Die Spitzen bis auf 1 cm Zugabe zurückschneiden, versäubern und die Hülle wenden. Eine Flasche in die Hülle stellen und mit einem farblich passenden Band zubinden.

Tipp

Diese Flaschenhülle eignet sich hervorragend, um einfache Geschenke aufzupeppen, und bringt zudem noch eine ganz individuelle Note. So werden alle Flaschen-Geschenke zu einem echten Hingucker.

Flaschenhülle

Schneemannpaar

Zuschnitt

Die Schnittteile abpausen, auf den jeweiligen Stoff übertragen und ausschneiden.

Anleitung

Für den Körper die Stoffteile bis zu den Markierungen links auf links zusammennähen, dann von innen nach außen wenden und mit Füllwatte ausstopfen. Die Öffnungen schließen. Die Nasen mit je zwei Halbperlen ankleben. Münder mit Filzstift aufmalen. Beim Schneemann die Perlen als Knöpfe annähen.

Für die Arme jeweils zwei Schläuche aus naturfarbenen Stoffstreifen nähen, 16 x 5 cm für den Mann und 11 x 5 cm für die Frau. Sie Streifen wenden und mit Füllwatte ausstopfen. Am Körper anbringen und die Hände der Frau zusammennähen.

Den rot-schwarzen Karostoff längs falten und für den Schneemann an den Enden des Schlauchs zwei Glöckchen annähen. Als Schal um den Hals legen und mit ein paar Stichen an der Schulter befestigen. Bei der Frau den karierten Stoff um den Hals legen und an der Brust befestigen. Erst dann ein Glöckchen anbringen.

Für die Frau aus dem gestreiften Stoff 35 x 8 cm einen Rock arbeiten. Die schmalen Stoffseiten zusammennähen, den Rock wenden und 5 mm vom Rand entfernt das Gummiband verknoten und abschneiden.

Für den Mann aus 12 x 9,5 cm schwarzem Filz einen Hut zuschneiden, zusammennähen und ausstopfen. Die Krempe aus Filz schneiden und an den Hut nähen. Den Hut mit einer kleinen Bastschleife dekorieren und an den Schneemannkopf kleben.

Der Frau aus dem restlichen gestreiften Stoff eine Mütze zuschneiden und nähen. Den Schlauch mit Bast zusammenbinden, die Mütze mit dem Reiserbündel am Kopf anbringen.

GRÖSSE
Mann: 28 x 12 cm
Frau: 18 x 12 cm

MATERIAL
- Filz in Orange und Schwarz, Reste
- 4 Holzperlen in Schwarz, 6 mm ø
- 3 Messinglöckchen, 1 cm ø
- Naturbast
- 4 Halbperlen in Schwarz, 4 mm ø (Augen)
- Füllwatte
- Nähseide in Natur und Schwarz
- Mini-Reiserbündel
- Fineliner in Schwarz

FÜR DEN MANN
- Stoff in Naturfarbe, 60 x 16 cm
- Stoff in Rot-Schwarz kariert, 40 x 4 cm

FÜR DIE FRAU
- Stoff in Naturfarbe, 50 x 16 cm
- Stoff in Grün-Natur, 50 x 8 cm
- Stoff in Grün-Natur kariert, 15 x 6 cm
- Hut-Gummiband in Beige, 25 cm lang

SCHNITTMUSTER SEITE 95

Tipp

Zum Umdrehen der Stoffschläuche eignet sich sehr gut ein Schaschlikspieß.

Fell-Tasche

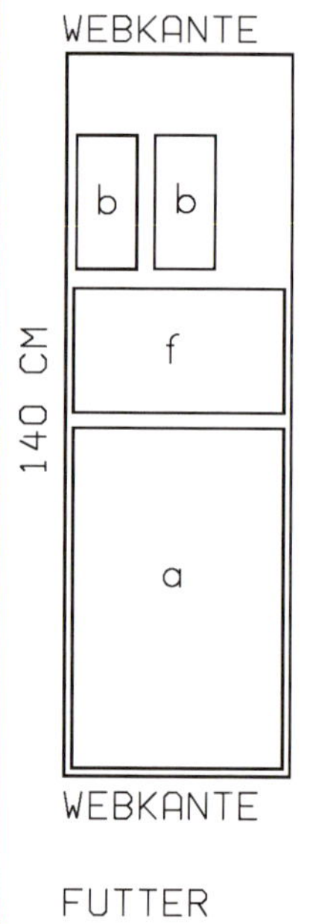
WEBKANTE
b
b
f
a
140 CM
WEBKANTE
FUTTER

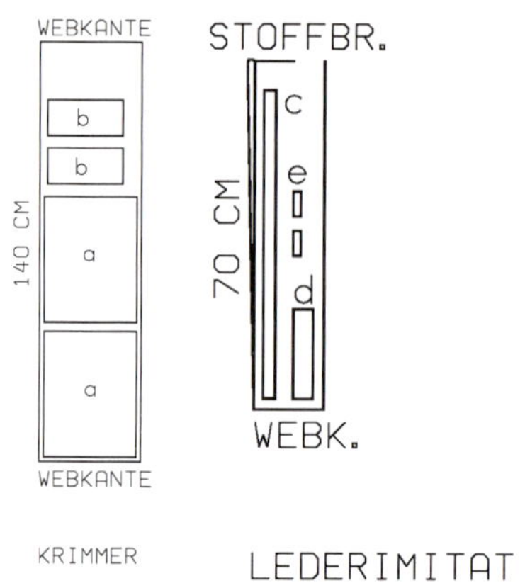
WEBKANTE
b
b
a
a
140 CM
WEBKANTE
KRIMMER
STOFFBR.
c
e
d
70 CM
WEBK.
LEDERIMITAT

Zuschnitt

Aus dem Krimmer zwei Taschenteile von 32 x 42 cm und zwei Seitenteile von 26 x 12 cm ausschneiden. Aus dem Lederimitat zwei Blenden von 62 x 2,5 cm, zwei Taschengriffe von 18 x 4 cm (fertige Breite 2 cm) und vier Schlaufen von 4 x 1,5 cm zuschneiden. Aus dem Futterstoff ein Taschenteil 64 cm lang (fertige Länge 32 cm) und 42 cm breit, zwei Seitenteile von 26 x 12 cm und einen Taschenboden von 42 x 24 cm (fertige Breite 12 cm) zuschneiden. Bei Nähten und Kanten 1,5 cm Nahtzugaben dazugeben. Das Lederimitat ohne Zugabe zuschneiden.

Von der Schabrackeneinlage oder dem Karton einen Taschenboden von 42 x 12 cm ohne Zugabe zuschneiden.

Anleitung

Die Taschenteile rechts auf rechts aufeinanderlegen, die untere Naht (= 42 cm lange Kante) steppen. Die Nahtzugaben auseinander bügeln und feststeppen. Die Blenden an den Enden 2,5 cm breit um je einen Metallring herumlegen und feststeppen. Die Blenden in 7 cm Abstand zu den 64 cm langen Taschenkanten auf das Taschenteil legen, die Enden des Taschenteils gleich breit überstehen lassen. Die Blenden schmal feststeppen und an den Enden quer steppen.

An den Längskanten des Taschenteils jeweils an den Enden 26 cm abmessen und markieren. Zwischen den Markierungen bleiben 12 cm für den Taschenboden. Die Seitenteile auf die Längskanten des Taschenteils legen und jeweils von oben bis zur Markierung feststeppen. Das Taschenteil rechts auf rechts falten und die jeweils zweite Längskante der Seitenteile bis zur Markierung an das Taschenteil steppen. An den Nahtenden die Nahtzugaben des Taschenteils einschneiden. Dann die Schmalseiten der Seitenteile an das Taschenteil steppen. An der oberen Kante des Taschenteils und der Seitenteile die Zugabe nach innen umbügeln. Den Reißverschluss an den umgebügelten Kanten des Taschenteils so unterheften, dass die Zähnchen sichtbar sind. Den Reißverschluss schmal feststeppen, fortlaufend die Seitenteile absteppen. Die Seitenteile rechts auf rechts falten und die Ansatznähte genau aufeinander stecken. In der Nahtrille der Ansatznähte von oben 12 cm lang steppen oder von Hand durchnähen. Für das Futter die Seitenteile an das Taschenteil steppen. Das Futter links auf links in die Tasche legen, auf den Reißverschlussbändern und den Seitenteilen eingeschlagen annähen.

Die Griffe längs falten, die linke Seite innen und die Längskanten schmal aufeinandersteppen. Die Griffe so legen, dass die Naht auf der Unterseite in der Mitte liegt. Die Schlaufen um den Steg der Karabinerhaken herumlegen, die Enden aufeinander steppen. Die Schlaufen in die offenen Enden der Griffe schieben. Die Enden zusteppen.

GRÖSSE
ca. 42 x 26 cm

MATERIAL
- Krimmer (Persianerimitat), 35 x 140 cm
- festes Nappaleder-Imitat, 15 x 140 cm
- Futterstoff, 45 x 140 cm
- 1 Reißverschluss, 40 cm lang
- 4 Metallringe, 2,5 cm ø
- 4 Gliederketten (Meterware), 12 mm breit, ca. 8 cm
- 4 Karabinerhaken, Stegbreite 1,5 cm
- 3 Hakenverschlüsse viereckig
- Schabrackeneinlage Vlieseline oder fester Karton, ca. 42 x 12 cm

Die Gliederketten an den Metallringen befestigen. Die Karabinerhaken einhängen. Das Futter für den Taschenboden längs falten. Entlang der Längskante und einer Schmalseite steppen. Wenden. Die offenen Kanten einschlagen und bügeln. Die Schabrackeneinlage in das Futter schieben und die offenen Kanten zusteppen. Den Taschenboden in die Tasche legen. Die Hakenverschlüsse in 5 cm, 12 cm und 17 cm Abstand zur oberen Kante zwischen den Blenden auf die Taschenvorderseite nähen.

Zuschnitt

Die beiden Taschenseiten, die Taschenmittelteile, sowie die Herzen gemäß Schnittmuster ausschneiden.

Anleitung

Die Herzen jeweils mit Sticktwist im Schlingenstich (siehe Zeichnung) umnähen. Ein kleines Herz mit einem 50 cm langen Sticktwist festnähen, dann damit den Knopf mittig auf das große Herz aufnähen und am Fadenende das zweite kleine Herz festnähen. Die Mittelteile an der Markierung verdeckt zusammennähen. Dieses Mittelteil auf eine Taschenseite legen und verdeckt zusammennähen. Das andere Taschenteil ebenfalls auf das Mittelteil legen und verdeckt zusammennähen.

Eine Hälfte des Druckknopfes auf der Innenseite der Klappe mittig festnähen. Die Klappe schließen und das Gegenstück des Druckknopfes auf der entsprechenden Stelle an der Tasche festnähen.

Den Engelsflügel in der Mitte durchschneiden, auf der geschlossenen Tasche unter dem großen Herz platzieren und beides mit versteckten Stichen auf der Außenklappe festnähen.

GRÖSSE
ca. 43 cm hoch

MATERIAL

- 3 Platten Textilfilz in Orange, 4 mm stark, 30 x 45 cm
- Nähgarn in Orange
- Engelflügel aus Federn in Weiß, 10 cm breit
- Sticktwist in Weiß
- Druckknopf in Silber zum Annähen, 1 cm ø
- Knopf in Weiß, 1,5 cm ø

SCHNITTMUSTER SEITE 98+99

SCHLINGENSTICH

Tipp

Diesen hochwertigen dicken Filz erhalten Sie in gut sortierten Bastel- und Stoffgeschäften. Auch im Internet werden Filzfans fündig!

Herztasche

Bettwäsche für Mädchen

Bettwäsche

Zuschnitt

Den Stoff doppelt legen. Die Schablonen nach dem Schnittmuster anfertigen und die Kronen dreimal (ergibt durch den doppelt gelegten Stoff also sechs) und die Herzen viermal (ergibt also acht) ausschneiden. Dabei die Nahtzugabe von 5 mm mit einkalkulieren.

Anleitung

Die Motive rechts auf rechts legen und rundherum mit der einfachen Naht zusammennähen. Dabei an den markierten Stellen die Motive offen lassen, damit sie gut verstürzt werden können. Danach die offenen Stellen von Hand schließen. Mit der Nähmaschine die Knopflöcher in die markierten Stellen nähen und mit dem Nahttrenner öffnen. Die Zackenlitze zuerst auf die Bettwäsche heften und dann festnähen, damit sie nicht verrutschen kann. Vier Knöpfe mit 42 cm Abstand zueinander auf den Deckenbezug, drei Knöpfe mit 18 cm Abstand zueinander auf den Kissenbezug nähen. Die Motive dann auf die Bettwäsche knöpfen (siehe Foto).

Herzkissen

Zuschnitt

Aus dem karierten Stoff zwei 40 x 40 cm große Quadrate ausschneiden (ohne Nahtzugabe). Aus dem Stoff in dunklem Rosa ein 20 x 20 cm großes Quadrat ausschneiden und die Herzapplikation aus dem rosaweiß karierten Stoff zuschneiden.

Anleitung

Die Stoffquadrate in dunklem Rosa und mit einem 1,5 cm breiten Saum umsäumen und die Herzapplikation auf den Stoff applizieren (siehe Grundanleitung). Dann das rosafarbene Quadrat im Zickzackstich mitten auf eines der Quadrate aus kariertem Stoff nähen. Es dafür aber bitte zuerst aufheften, damit es nicht verrutscht! Danach die beiden Karoteile umsäumen, rechts auf rechts legen und zu einem Kissen zusammennähen. Dabei das Kissen am unteren Teil ca. 20 cm offen lassen, um es später mit der Kissenfüllung füllen zu können. An dieser Stelle die Druckknöpfe annähen.

GRÖSSE
Decke: 135 x 200 cm
Kissen: 80 x 80 cm
Herzkissen: ca. 40 x 40 cm

MATERIAL BETTWÄSCHE
- Baumwollstoff in Rosa-Weiß kariert, 20 x 40 cm
- Baumwollstoff in Rosa-Weiß gestreift, 20 x 40 cm
- Baumwollstoff in Rosa, 20 x 40 cm
- Zackenlitze in dunklem Rosa, 1 cm breit, 300 cm
- 7 Knöpfe in Weiß, ø 1,4 cm
- Nähgarn in Rosa und Weiß
- Bettwäschegarnitur aus Makosatin in Weiß, Decke 135 x 200 cm und Kissen 80 x 80 cm

HERZKISSEN
- Baumwollstoff in Rosa-Hellblau-Weiß kariert, 40 x 80 cm
- Baumwollstoff in dunklem Rosa, 20 x 20 cm
- Stoff in Rosa-Weiß kariert, 17 x 20 cm
- Vliesofix (für das Herz), 13 x 16 cm
- 2 Druckknöpfe in Silber, 1 cm ø
- Kissenfüllung, 38 x 38 cm
- Nähgarn in Rosa und Pink

SCHNITTMUSTER SEITE 100+101

Tausendfüßler

Zuschnitt

Mithilfe der Schablonen aus dem roten Filz 24 Stiefel und die Nikolausmütze zuschneiden und zusammennähen.

Anleitung

Das blaue Polarfleece mit der Nähmaschine von links zu einem langen Schlauch zusammennähen. Den grünen Fleece-Kreis für das Gesicht an einer Öffnung des Schlauchs rundum festnähen. Den Schlauch anschließend auf rechts drehen. Nun die Styroporkugeln – die große zuerst – so in den Schlauch stecken, dass zwischen den einzelnen Kugeln ein kleiner Abstand bleibt. Die grünen Filzstreifen um die Zwischenräume legen und festkleben (siehe Foto). Das überhängende Fleece am Ende des Schlauches abschneiden und die Öffnung von Hand zunähen.

Die Stiefel auf rechts drehen, 3 cm vom Rand umschlagen und darauf die weißen Webpelzstreifen fixieren. Die Mütze ebenfalls auf rechts drehen und den langen Webpelzstreifen am Rand festkleben. Für den Bommel am Webpelzkreis mit Heftstichen einmal am Rand entlang nähen, den Kreis mittels Heftfaden zusammenziehen und an der Mütze festnähen.

Das Klettband in 24 Stücke mit jeweils 3 cm Länge schneiden und jeweils eine Hälfte am Stiefel und eine Hälfte am Körper des Adventsfüßlers, auf beiden Seiten der Styroporkugeln jeweils mittig, festnähen. Die Stiefel festkletten und mit den Zahlen bekleben. Den grünen Fleece-Streifen für den Schal mit den kleinen blauen Fleece-Streifen in unregelmäßigen Abständen bekleben und am Hals lose verknoten. Den Pfeifenputzer in der Mitte zu einem kleinen Kreis biegen und am Kopf festnähen. Für Augen, Nase und Fühler jeweils eine Wattekugel in die Mitte der entsprechenden Filzkreise legen und auf die gleiche Art und Weise verfahren wie bei der Herstellung des Mützenbommels.

Zum Schluss die Kugeln für Augen und Nase am Gesicht sowie an den Enden der Fühler festnähen. Die Wackelaugen aufkleben, mit dem Stickgarn einen lachenden Mund auf das Gesicht sticken und die Nikolausmütze aufsetzen. Die Stiefel mit Geschenken füllen.

GRÖSSE
ca. 90 cm hoch

MATERIAL

- Styroporkugel, 12 cm ø
- 12 Styroporkugeln, 10 cm ø
- Polarfleece in Blau, 150 x 40 cm
- 12 Fleece-Streifen in Blau, 6 x 1 cm
- 11 Fleece-Streifen in Grün, 25 x 1,5 cm
- Fleece-Streifen in Grün, 85 x 6 cm (Schal)
- Fleece-Kreis in Grün, 14 cm ø (Gesicht)
- Bastelfilz in Rot, 12 x A4 oder 45 x 180 cm
- Webpelz in Weiß, 24-mal 20 x 3 cm, einmal 35 x 3 cm und einmal 8 cm ø
- Klettband, 3 cm breit, 72 cm lang
- Pfeifenputzer in Schwarz, ca. 40 cm lang
- 5 Wattekugeln, 1,5 cm ø
- 2 Wackelaugen, 1 cm ø
- Filzkreise, 4,5 cm ø, in zweimal Weiß, zweimal Grün und einmal Rot
- 24 Zahlenaufkleber in Silber
- Stickgarn in Rot
- Nähgarn in Weiß, Rot, Grün und Blau

SCHNITTMUSTER SEITE 102+103

Wichtel zum Greifen

Zuschnitt

Alle Teile gemäß Schnittmuster zuschneiden. Das Gesicht zweimal aus dem Baumwollstoff in Hautfarbe, zwei Mützenteile, zwei Teile für den Körper und die Bodenplatte aus den gemusterten Baumwollstoffen zuschneiden.

Anleitung

Jeweils die untere Kante der Mütze rechts auf rechts an die obere Kante des Gesichtes nähen. Anschließend die unteren Kanten der Gesichtsteile rechts auf rechts an die oberen Kanten der Körperteile steppen.

Die beiden Dreiecksteile rechts auf rechts zusammennähen. Die Bodenplatte ebenfalls rechts auf rechts einpassen. Dabei die Stopföffnung offen lassen und den Wichtel wenden.

Den kleinen Wichtel mit Füllwatte ausstopfen, dabei das Glöckchen in der Mitte des Bauches platzieren. Die Öffnung mit Matratzenstich schließen. Das Gesicht mit Perlgarn in Plattstichen aufsticken.

GRÖSSE
ca. 12 cm hoch

MATERIAL PRO WICHTEL
- Baumwollstoff in Hautfarbe, Rest
- Baumwollstoffe in zwei verschiedenen Mustern, Reste
- Füllwatte, Rest
- Glöckchen, 2 cm ø
- Perlgarn in Schwarz und Rot bzw. Dunkelrot
- Nähgarn in Hautfarbe

SCHNITTMUSTER SEITE 102

Tipp

Zusätzlicher Spiel-Spaß! Wenn Ihr Kind mit den kleinen Wichteln spielt, kann es jetzt das Glöckchen läuten hören.

Häschen-Schnuffeltuch

Zuschnitt

Alle Teile laut Schnittmuster ausschneiden. Die Ohren viermal und den Kopf zweimal aus dem Frotteestoff zuschneiden. Den gemusterten und den hellblauen Baumwollstoff mit den angegebenen Maßen als Körper verwenden. Beim gemusterten Baumwollstoff in der Mitte der gedachten diagonalen Linie einen 5 cm langen Schlitz einschneiden. Vliesofix auf die Rückseite des roten Fleece-Stoffes bügeln, Nase auf die Papierseite aufzeichnen und ohne Nahtzugabe ausschneiden.

Anleitung

Den gemusterten Baumwollstoff rundherum mit einem 1 cm breiten Doppelsaum versehen. Den hellblauen Baumwollstoff rechts auf rechts zu einem Dreieck zusammenlegen und die offenen Kanten zusammensteppen. Eine Wendeöffnung offen lassen und das Dreieck wenden. Die Nahtzugabe der Öffnung nach innen schlagen und knapp zunähen. Nun das hellblaue Dreieckstuch durch den Schlitz des gemusterten Tuches führen und knapp an der Kante zur Fixierung fest steppen.

Die Nase auf das Gesicht bügeln und mit engem Zickzackstich applizieren.

Je zwei Ohrenteile rechts auf rechts zusammennähen und durch die Wendeöffnung am oberen Rand der Ohren wenden. Die Ohren laut Markierungen auf die Nahtzugabe des vorderen Kopfteiles steppen. Die beiden Kopfhälften bis auf die Wendeöffnung aufeinandernähen und wenden.

Den Kopf mit Füllwatte stopfen. Die Nahtzugabe der Halsöffnung nach innen einschlagen, über den Halsansatz der beiden Tücher legen und knapp feststeppen. Zum Schluss die Augen und den Mund gemäß Foto aufsticken. Die Ecken der Tücher mit Knoten versehen.

GRÖSSE
ca. 37 cm hoch

MATERIAL
- Baumwollstoff gemustert (hier: Knopf-Muster), 40 x 40 cm
- Baumwollstoff in Hellblau, 35 x 35 cm
- Fleece-Stoff in Rot, Rest
- Frotteestoff in Beige, 35 x 20 cm
- Vliesofix, Rest
- Füllwatte, Rest
- Perlgarn in Schwarz
- Nähgarn in Beige, Hellblau und Rot

SCHNITT-MUSTER SEITE 104

Tipp

Dieses Schnuffeltuch wird Ihr Kind gar nicht mehr hergeben wollen. Die robusten Stoffe lassen sich gut waschen. Am besten nähen Sie gleich zwei, dann ist auf alle Fälle immer ein Schnuffeltuch griffbereit.

Zuschnitt

Alle Schnittmuster sind inklusive Nahtzugaben abgebildet. Daher die Teile ohne Nahtzugabe mit allen Markierungen auf den Stoff übertragen und zuschneiden.

Anleitung

Die Kanten säumen. Grundsätzlich gilt, dass man die Teile immer an den passenden Buchstabenmarkierungen zusammenbringen muss.

Für den Kopf jeweils die beiden Ohrenteile rechts auf rechts zusammenlegen. Die Seitenkanten zusammensteppen, das Ohr wenden. Die Nasenspitze an das vordere Kopfteil nähen. Die Kopfteile an den passenden Buchstabenpunkten rechts auf rechts aufeinanderlegen und die Seiten schließen (siehe Hilfszeichnung rechts).

Für die vier Pfoten je zwei Teile rechts auf rechts aufeinanderlegen, an den Kanten schließen und wenden. Mit Füllwatte ausstopfen.

Für den Schwanz beide Teile rechts auf rechts legen, die Seiten schließen und wenden. Mit Füllwatte ausstopfen.

Nun alle Pfoten und den Schwanz an den passenden Buchstabenmarkierungen von innen anlegen und die Seiten zusammennähen (siehe Hilfszeichnung rechts). Den Kopf an den passenden Buchstaben an die runde Halsöffnung annähen und die Hülle wenden. Den Kopf mit Füllwatte ausstopfen. Die Innenabdeckung von Hand an der Verbindungsstelle zwischen Körper und Kopf (damit die Füllwatte nicht austritt) verdeckt von innen annähen.

Die Augen annähen, dabei den Faden auf die Kopfrückseite ziehen. Die Ohren wie abgebildet nach vorne umklappen und mit einigen Stichen an der Markierung festnähen. Die Wärmflasche mit der Hülle beziehen.

GRÖSSE
ca. 25 cm hoch

MATERIAL
- Fleece-Stoff in Schwarz-Weiß gepunktet, 160 x 50 cm
- Fleece-Stoff in Schwarz, 30 x 30 cm
- Nähfaden in Schwarz und Weiß
- Füllwatte
- 2 Glastieraugen in Topas, 1,2 cm ø
- kleine Wärmflasche

SCHNITT-MUSTER SEITE 104+105

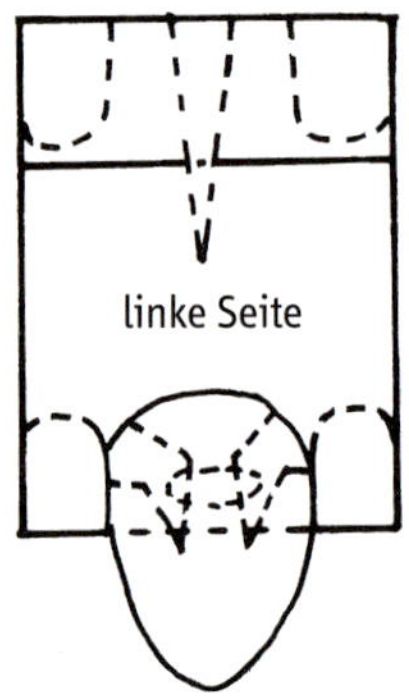

Wärmflasche

Handpuppe

Zuschnitt

Alle Teile gemäß Schnittmuster zuschneiden. Aus dem Plüschstoff zwei Teile für den Kopf und zwei Teile für den Körper zuschneiden.

Anleitung

Die beiden Körperteile rechts auf rechts zusammennähen. Dabei unten die Öffnung für den Eingriff offen lassen. Den unteren Rand versäubern und die Nahtzugabe nach innen umgeschlagen und feststeppen. Die Kopfteile rechts auf rechts bis auf die Stopföffnung aufeinandernähen und wenden. Den Kopf mit Füllwatte stopfen, die Nahtzugabe nach innen einschlagen und den Kopf über den Hals schieben. Dabei darauf achten, dass das Teil für den Finger am Hals genügend Platz im Kopf findet. Mit Matratzenstich rundherum festnähen. Achtung: Das Teil für den Zeigefinger der Fingerpuppe nicht zunähen. Die Wackelaugen und den Pompon als Nase aufkleben.

GRÖSSE
ca. 28 cm hoch

MATERIAL

- Plüschstoff in Neon-Orange, mit 2 cm Flor, 60 x 30 cm
- Füllwatte, Rest
- 2 Wackelaugen, 1,5 cm ø
- Pompon in Gelb, 2,5 cm ø
- Nähgarn in Orange
- Sekundenkleber

SCHNITTMUSTER SEITE 106

Tipp

Den Pompon können Sie fertig im Fachhandel für Nähen und Zubehör oder im Bastelladen kaufen. Sie können aber auch aus gelber Wolle selbst einen Pompon anfertigen.

Zuschnitt

Aus Frottierstoff das Badetuch in zwei Teilen je 100 cm lang und 70 cm breit zuschneiden. Aus Popelinestoff zwei Blenden von jeweils 5 x 197 cm (fertige Breite 2,5 cm) und zwei Blenden von 5 x 70 cm (fertige Breite 2,5 cm) zuschneiden. Bei den Blenden 1 cm Nahtzugabe hinzugeben, die Tuchkanten ohne Nahtzugabe schneiden.

Anleitung

Die beiden Tuchteile rechts auf rechts aufeinanderlegen. In 1,5 cm Abstand zu einer 70 cm langen Kante steppen. Nahtzugaben nach einer Seite bügeln. Die unten liegende Nahtzugabe auf 7 mm Breite zurückschneiden. Die darüberliegende Nahtzugabe einschlagen und festheften. Von rechts 1 cm breit feststeppen.

Für die Schrägnähte an den Blendenecken je eine kurze und eine lange Blende an einem Ende rechts auf rechts aufeinanderlegen. Die 1 cm breite Nahtzugabe anzeichnen. Anhand des Schemas die schrägen Nahtlinien für die Ecknähte aufzeichnen. Blendenenden bis 1 cm vor die Nahtlinien zurückschneiden. Von einer Blendenlängskante (Ansatzkante) entlang der schrägen Nahtlinie bis zur Spitze steppen, dabei die Nahtzugaben an der Längskante nicht zusammensteppen. Die Blenden flach auseinander legen, die Nahtzugaben auseinander bügeln. Die restlichen drei Ecknähte genauso steppen.

In 2,5 cm Abstand zu den Außenkanten des Badetuchs die Blendenansatzlinien markieren. Die Ansatzkanten der Blende rechts auf rechts entlang den Ansatzlinien an das Badetuch steppen. Die Nahtzugaben in die Blende bügeln. Die Blende an den Ecken wieder rechts auf rechts falten und die restlichen Schrägnähte von der Spitze bis zu den Längskanten steppen. An den Längskanten nicht über die Nahtzugaben steppen. Die Nahtzugaben auseinander bügeln. Die Ecken wenden. Die offenen Blendenkanten einschlagen und auf der Ansatznaht festheften. Von rechts die Blende entlang den Ansatznähten schmal absteppen.

GRÖSSE
ca. 200 x 70 cm

MATERIAL
- Frottierstoff, 100 x 150 cm
- Popelinestoff in Gelb-Weiß längs gestreift, 30 x 150 cm

Schema für Ecknähte

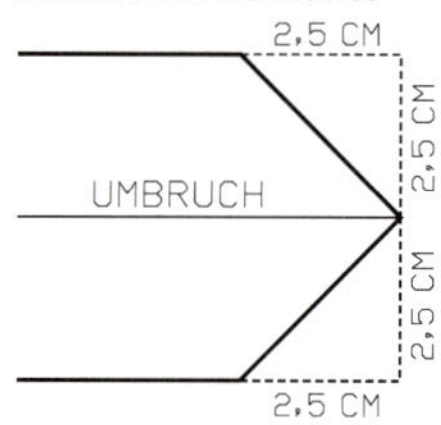

Frottierstoff, 150 cm breit

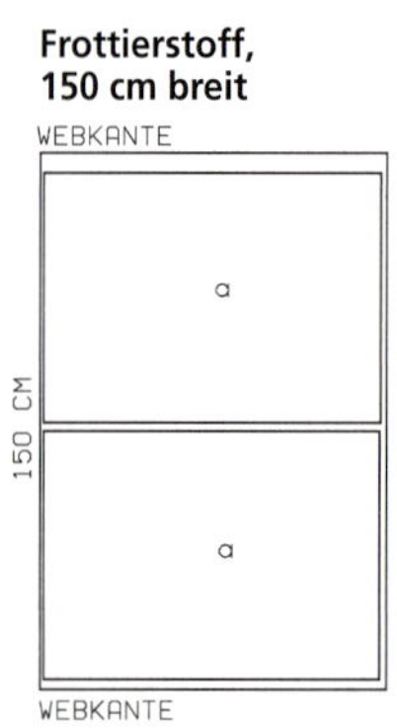

Popeline, 150 cm breit

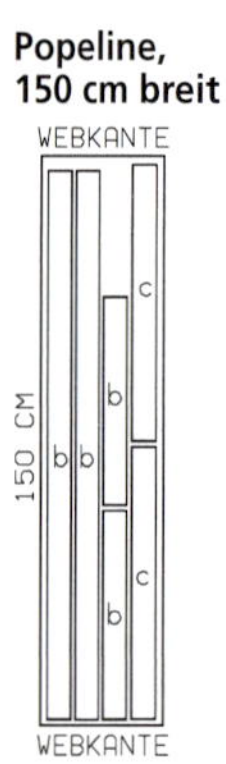

Badetuch

T-Shirt mit Kuh-Motiv

Zuschnitt

Vliesofix auf die Rückseite des beigefarbenen Stoffes und des Kuhstoffes bügeln. Dabei ein dünnes Tuch zwischen Stoff und Bügeleisen legen. Die Schnittteile spiegelverkehrt auf die Papierseite des Vliesofix übertragen. Alle Teile ohne Nahtzugabe zuschneiden.

Anleitung

Das Papier von den Stoffen abziehen. Alle Teile laut Schnittmuster mittig auf das T-Shirt legen und aufbügeln. Der Abstand der Kuh von der unteren T-Shirt-Kante beträgt ca. 13 cm. Die Teile mit engem Zickzackstich applizieren. Zur Orientierung hilft auch das Foto. Die schwarzen Knöpfe als Augen und die rosafarbenen als Nasenlöcher annähen. Den Mund mit Perlgarn aufsticken.

GRÖSSE

T-Shirt in ca. 128

Kuh-Motiv: ca. 24 cm

MATERIAL

- T-Shirt in Grün
- Stoff im Kuhmuster (Fellimitat) in Braun-Weiß, 20 x 25 cm
- Velourleder-Imitat in Beige, 20 x 20 cm
- Vliesofix, 40 x 25 cm
- 2 Knöpfe in Schwarz, 1 cm ø
- 2 Knöpfe in Rosa, 1,7 cm ø
- Perlgarn in Braun
- Nähgarn in Schwarz, Beige und Rosa

SCHNITTMUSTER SEITE 86

Tipp

So wird jedes einfarbige T-Shirt zum Unikat und ganz bestimmt zum Lieblingsstück Ihres Kindes. Selbstverständlich lassen sich auch andere niedliche Motive applizieren. Fertigen Sie einfach ein Schnittmuster und gehen Sie wie oben beschrieben vor.

Zuschnitt

Den Fußball- bzw. Blümchenstoff in zwei Teile à 35 x 50 cm schneiden. Die kurze Seite ist später die Breite des Beutels. Alle Teile für die Gesichter gemäß Schnittmuster ohne Nahtzugabe aus beidseitig klebender Vlieseline ausschneiden.

Anleitung

Das Gesicht und die Nase aus Vlieseline auf den passenden Stoff aufbügeln. Die Teile entlang der Papierschablone des Vlieses ausschneiden. Das Papier abziehen. Die Nase auf das Gesicht und danach das Gesicht in die rechte untere Ecke des einen Turnbeutel-Stoffes bügeln. Die Nase und das Gesicht mit kurzen, engen Zickzackstichen in der jeweiligen Farbe umnähen.

Die beiden Turnbeutel-Teile rechts auf rechts aufeinanderstecken und die Seitennähte und die Bodennaht nähen, anschließend versäubern. Dabei am rechten unteren Beuteleck eine 5 cm lange Öffnung für die Kordel lassen. Am rechten oberen Eck des Turnbeutels je ein senkrechtes Knopfloch auf der Vorder- und der Rückseite nähen (7 cm vom oberen Rand und 1 cm von der rechten Seitennaht, ca. 2 cm lang). Für den Kordeltunnel 6 cm nach innen in den Beutel einschlagen und bügeln. Den Rand ca. 1,5 cm in den Tunnel einschlagen und den Umschlag festnähen.

Die Kordel mithilfe der Sicherheitsnadel in den Tunnel einziehen. Beide Kordelenden von außen in die Öffnung in der rechten, unteren Ecke der Seitennaht stecken. Von innen die Seitennaht schließen und dabei die Kordelenden mit einnähen.

Die Wollfäden aufeinanderlegen. Mit passendem Nähfaden in der Mitte zusammenbinden und am Kopf laut dem Schnittmuster festnähen. Beim Mädchen die Zöpfe mit Satinband abbinden und an der Kopfseite festnähen. Eventuell die Haare etwas kürzen. Die Wackelaugen aufkleben.

GRÖSSE
ca. 42 cm hoch

MATERIAL BEUTEL FÜR JUNGEN

- Fußballstoff, 35 x 100 cm
- Nähgarn in Rot und Hautfarbe
- Kordel in Rot, 6 mm ø, 160 cm lang
- dicke Wolle in Gelb, 12-mal 15 cm lang
- 2 Wackelaugen, 1,2 cm x 8 mm
- Stoff in Hautfarbe (z.B. Puppentrikot), 20 x 20 cm
- Stoff in Rot, 10 x 15 cm
- beidseitig klebende Vlieseline, 20 x 30 cm
- Sicherheitsnadel

MATERIAL BEUTEL FÜR MÄDCHEN

- Blümchenstoff, 35 x 100 cm
- Nähgarn in Rot, Orange und Hautfarbe
- Kordel in Hellblau, 6 mm ø, 160 cm lang
- Fusselwolle in Rot, 12-mal 40 cm lang
- 2 Satinbänder in Hellblau, 5 mm breit, je 15 cm lang
- 2 Wackelaugen, 1,2 cm x 8 mm
- Stoff in Hautfarbe (z. B. Puppentrikot), 20 x 20 cm
- Stoff in Orange, 10 x 15 cm
- beidseitig klebende Vlieseline, 20 x 30 cm
- Sicherheitsnadel

SCHNITTMUSTER SEITE 107

Tipp

Turnbeutel werden von Kindern gerne vergessen. Doch diese unverwechselbaren Taschen bleiben bestimmt nicht liegen. Wenn Sie über den Köpfen noch den Namen des Kindes aufsticken oder -nähen, kann gar nichts mehr schief gehen.

Kinder-Turnbeutel

Zuschnitt

Den vorderen und rückwärtigen Spieluhrenteil je einmal nach dem Schnitt A mit ringsum 1 cm Nahtzugabe zuschneiden.

Anleitung

Den vorderen und rückwärtigen Spieluhrenteil links auf links stecken und zusammennähen, dabei entlang einer Innenzacke (siehe auch Zeichnung B) ein größeres Stück Naht zum Wenden offen lassen. Die Nahtzugaben an den Innenzacken einschneiden, an den Außenzacken die Spitzen bis zur Naht abschneiden (siehe Zeichnung B). Vor dem Wenden die Zugaben an der offenen Kante nach links umbügeln, wenden und die Nahtkanten bügeln. Den Stern mit Watte ausstopfen, dabei zum Schluss die Spieluhr so mit in den Stern stecken, dass die Schnur aus der Naht herausschaut. Die offene Naht mit Handstichen schließen, dabei darauf achten, dass man die Schnur der Spieluhr nicht festnäht. Jeweils eine Ice-Perle an die Spitzen und die Glasperlen nach Wunsch aufnähen (siehe auch Foto). Das Satinband für den Aufhänger an einer Sternspitze festknoten.

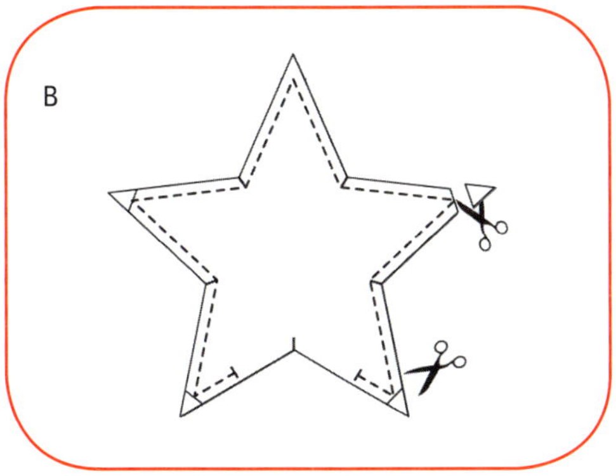

GRÖSSE
ca. 24 cm ø

MATERIAL
- bedruckte Baumwollstoffe mit Seerosenblättern, Libellen usw., Reste
- Ice-Perlen in Lachs, 8 mm ø
- Glasperlen in Blau, Grün und Rosa, 6 mm ø
- Nähgarn in passender Farbe
- Satinband in passender Farbe, ca. 8 mm breit
- Füllwatte
- Spieluhr

SCHNITTMUSTER
auf 250 % vergrößern

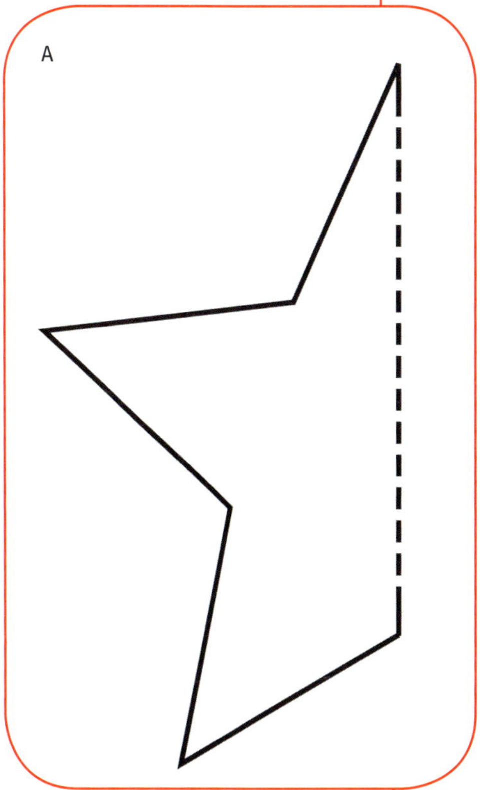

Schmusekissen

Zuschnitt

Alle Teile gemäß dem Schnittmuster mit Nahtzugabe zuschneiden. Zweimal den Körper und zweimal die Öhrchen aus rosafarbenem Plüschstoff zuschneiden. Zweimal die Öhrchen aus dem gestreiften Fleece-Stoff zuschneiden. Für den Rüssel auf die Rückseite des Reststückes des pinkfarbenen Fleece-Stoffs Vliesofix aufbügeln. Das Schnittteil des Rüssels auf die Papierseite des Vliesofix übertragen und ohne Nahtzugabe ausschneiden.

Anleitung

Den Rüssel laut Markierung auf den Kopf bügeln und mit einem engen Zickzackstich applizieren. Die Augen und Nasenlöcher mit Perlgarn im Pattstich aufsticken.

Je ein Ohrenteil in rosafarbenem Plüsch und gestreiftem Fleece-Stoff rechts auf rechts zusammennähen und durch die Öffnung am unteren Rand wenden. Gemäß Schnittmuster so auf die Nahtzugabe des vorderen Schweineteils steppen, daß die gestreifte Seite der Ohren auf dem Plüsch liegt. Die Kordel als Schwanz genauso fixieren.

Die beiden Körperteile rechts auf rechts aufeinander nähen und durch die Stopföffnung wenden. Das Schwein mit Füllwatte stopfen und die Öffnung mit Matratzenstich schließen. Am Ende des Schwanzes einen Knoten machen.

GRÖSSE
ca. 28 cm

MATERIAL

- Plüschstoff in Rosa, 60 x 35 cm
- Fleece-Stoff in Pinktönen gestreift, Rest
- Fleece-Stoff in Pink, Rest
- Vliesofix, Rest
- Füllwatte, ca. 50 g
- Kordel in Pink, 6 mm ø, 10 cm lang
- Perlgarn in Dunkelblau
- Nähgarn in Rosa und Pink

SCHNITTMUSTER SEITE 107

Tipp

Sicher wird dieses Schmuse-Schwein durch den superweichen Plüschstoff zu einem langjährigen Lieblingströster Ihres Kindes.

Allgemeine Nähanleitung

Schnittmuster übertragen

Transparentpapier auf die Vorlage legen und das Motiv samt Innenlinien nachzeichnen. Dann das Motiv aus dem Transparentpapier ausschneiden und mit Stecknadeln auf der rechten Seite des Stoffes befestigen. Mit der Stoffschere genau an der Außenkante oder mit den angegebenen Nahtzugaben ausschneiden.

Innenlinien übertragen

Zum Übertragen der Innenlinien das Transparentpapier nach dem Abzeichnen wenden und die Rückseite mit einem weichen Bleistift nachzeichnen.
Die Innenlinien durch das Nachfahren mit einem harten Bleistift auf den Stoff übertragen. Alternativ die Innenlinien einschneiden und mit Schneiderkreide oder einem Zauberstift nachfahren. Beide verschwinden beim Bügeln. Bei Stoffen, die nicht gebügelt werden, helfen Stecknadeln beim Markieren.

Einfache Naht

Die einfache Naht verbindet zwei oder mehrere Stoffteile miteinander. Sie ist einfach und schnell zu nähen. So wird sie gearbeitet: Den Stoff Oberseite auf Oberseite (= rechts auf rechts) legen und zusammenstecken. Die Naht 1 cm bis 1,5 cm breit steppen und Oberfaden und Unterfaden miteinander verknoten. Alternativ am Anfang und Ende jeweils ein paar Stiche zurücknähen. Die Nahtzugabe flach auseinander streifen und glatt bügeln. Wer will, fasst die Nahtzugabe noch im Zickzackstich ein, damit sie nicht ausfranst.

Kanten versäubern

Versäubert werden die Kanten mit Zickzackstich, so wird das Ausfransen verhindert. Das Füßchen der Nähmaschine so auf den Stoff setzen, dass die Nadel beim Nähen einmal in den Stoff sticht und einmal knapp außerhalb des Stoffs einsticht.

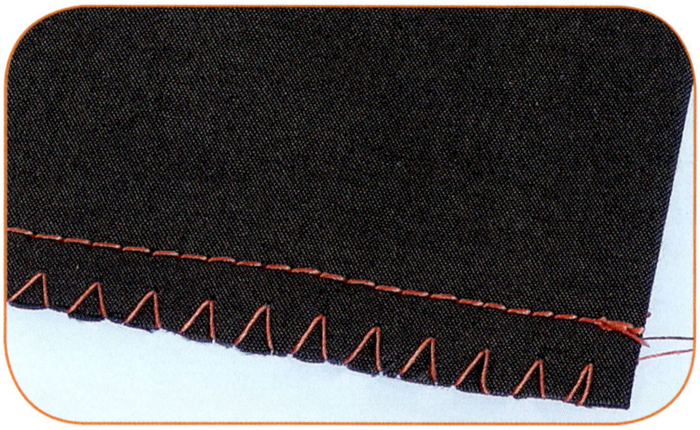

Säumen

Es gibt verschiedene Möglichkeiten zu säumen. Entweder wird ein offener Saum mit einfacher Stoffkante genäht. Dazu den Saum gleichmäßig nach innen legen, feststecken oder heften und festnähen. Beim eingeschlagenen Saum ist die Stofflage doppelt. Das heißt, der Saum wird zweimal eingeschlagen und festgenäht.

Verstürzen

Dies bezeichnet das Aufeinandersteppen und Wenden zweier Stoffteile, z. B. zweier Taschenteile. Dazu werden die Stoffteile rechts auf rechts aufeinandergelegt. Dann die Kanten, die verstürzt werden sollen, mit Stecknadeln aufeinander feststecken und entlang der Linie steppen. Danach die Stoffteile wenden. So liegen linke Stoffseiten und Nähkanten im Inneren der Tasche.

Unsichtbares Zusammennähen von Filz

Beide ausgeschnittenen Filzteile werden aufeinander gelegt. Das Nähgarn am Anfang verknoten und mithilfe einer Nähnadel von der Rückseite des oberen Filzteiles durchziehen. Für den ersten Stich mit der Nadel an der gleichen Stelle zurückstechen, wo der Faden aus dem Filz kommt. Die Nadel erscheint wieder ein Stück weiter auf der anderen Seite der beiden Filzteile. Nun immer an derselben Stelle zurückstechen, wo der Faden aus dem Filz heraus kommt. Diese Technik eignet sich am besten bei Filz, da die Wollfasern stark miteinander verhakt sind.

Motive aufnähen

Motive werden mit dem eng gestellten Zickzackstich aufgenäht. Damit sich beim Nähen nichts verzieht, vorher auf alle Teile Vlieseline aufbügeln. Alternativ doppelseitig klebende Vlieseline verwenden. Damit kann nichts mehr verrutschen! Das Motiv mit gut verteilten Stecknadeln – allerdings nicht zu nah an der Kante, wo genäht wird – aufbringen. Das Motiv insbesondere an den Rundungen ganz langsam aufnähen und nach und nach drehen. Dabei immer wieder vorsichtig das Nähfüßchen anheben, damit sich keine Falten bilden.

Reißverschluss einnähen

Bei der Nähmaschine das Reißverschlussfüßchen einsetzen. Den offenen Reißverschluss mit der Oberseite auf die rechte Stoffseite einer Schlitzkante legen. Den Reißverschluss mit Stecknadeln im Schlitz fixieren. Am Schlitzende steht das Reißverschlussende über. Das Nähfüßchen an der Nähmaschine so auf den Reißverschluss setzen, dass die Spirale in der Kerbe rechts neben der Nadel liegt. Den Reißverschluss feststeppen und wieder schließen. Die zweite Seite des Reißverschlusses mit der Oberseite auf die rechte Stoffseite der zweiten Schlitzkante legen und feststecken. Reißverschluss wieder öffnen und einnähen.

Details annähen

Müssen z. B. die Ohren nach dem Fertigstellen des Kopfes separat angenäht werden, geschieht dies mit einem reißfesten Faden, z.B. Sternzwirn. Es wird mit Matratzenstich zuerst die vordere Seite der Ohren, anschließend die hintere Seite befestigt. Das Fadenende gut fixieren und mit der Nadel in den Kopf ziehen. Den Rest abschneiden.

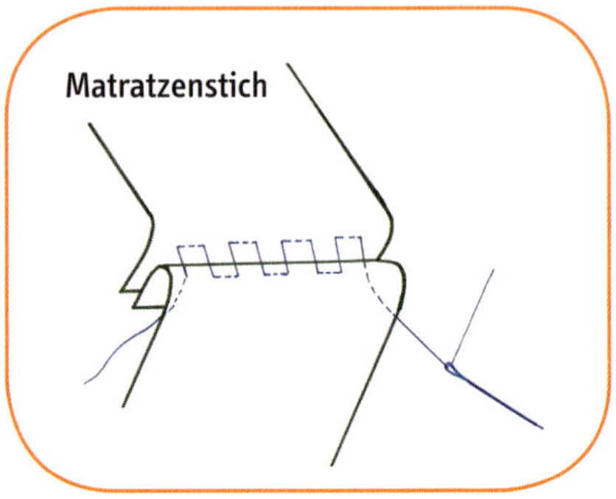

Zum Fixieren von Glasaugen am besten ebenfalls einen reißfesten Faden verwenden. Den Faden mit Hilfe einer langen Nadel an der für das Auge gekennzeichneten Stelle durch den Kopf bis hinter die Ohren bzw. auf die Rückseite des Kopfes führen. Den Faden in die Metallöse des Auges einfädeln. Die Öse mit einer Zange flach zusammendrücken, damit sich das Auge leichter in den Stoff einziehen lässt. Den Faden an derselben Stelle wieder mit der langen Nadel durch den Kopf ziehen und ca. 2 mm neben dem anderen Fadenende herausziehen. Die beiden Fadenenden fest miteinander verknoten. Dabei darauf achten, dass die Metallösen der Augen im Kopf und die Glasaugen eng auf dem Stoff liegen. Die Fäden mit der Nadel an der Stelle der Knoten in den Kopf ziehen und die Reste abschneiden. Mit dem zweiten Auge genauso verfahren.

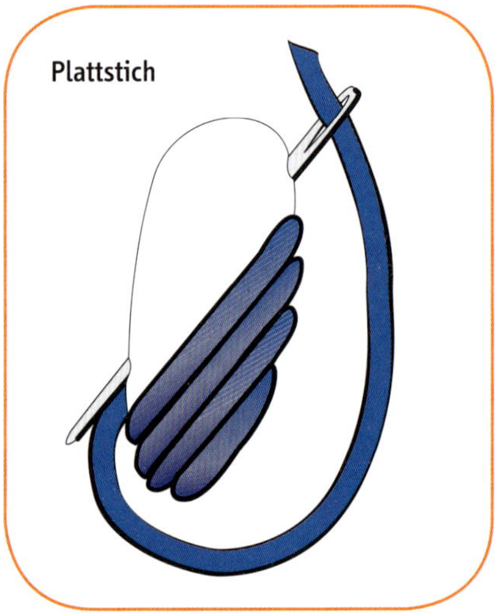

Bei gestickten Augen laut Vorlage mit Perlgarn und dicht aneinander gesetzten Plattstichen arbeiten. Bei gestickten Nasen genauso verfahren. Für den Mund das Perlgarn laut Vorlage einziehen.

Applizieren

Beim Applizieren mit Vliesofix wird durch das beidseitig aufbügelbare Vlies das Verrutschen des zu fixierenden Teiles verhindert. So entstehen beim Festnähen keine Falten. Dafür das Vliesofix mit der Papierseite nach oben auf die Rückseite des Stoffes legen und aufbügeln. Bei Stoffen, die nicht aus 100 % Baumwolle (Fleece, eventuell Nicki usw.) bestehen, am besten ein dünnes Tuch zwischen Stoff/Vliesofix und das Bügeleisen legen, damit die Stoffe nicht am Bügeleisen haften bleiben. Den Schnitt der zu applizierenden Teile auf das Papier des Vliesofix übertragen. Dabei beachten, dass die Schnittteile spiegelverkehrt aufgezeichnet werden müssen. Wenn nicht anders angegeben, die Teile ohne Nahtzugabe zuschneiden. Das Papier vom Stoff abziehen und das zu applizierende Teil mit der Stoffseite nach oben auf die markierte Stelle legen und aufbügeln. Dabei eventuell wieder ein Tuch zwischen Stoff und Bügeleisen legen. Mit engem Zickzackstich (Stichlänge ca. 0,5 - 1 mm, Stichbreite 2 - 3 mm) an der Kante entlang auf den Unterstoff applizieren.

Fenstergucker und Türhänger fertigen

Zuschneiden

Die Schnitte auf transparentes Seidenpapier übertragen und ausschneiden. Den Stoff doppelt, mit der rechten Stoffseite nach innen legen. Dadurch erhält man zwei gegengleiche Teile.

Hinweis: In den Anleitungen bedeutet „Teil zweimal zuschneiden" einmal in doppelter Stofflage und „Teil viermal zuschneiden" zweimal in doppelter Stofflage.

Wird bei einfacher Stofflage ausgeschnitten, liegt die rechte Stoffseite oben. Die ausgeschnittenen Papierschnitte mit Stecknadeln auf dem Stoff befestigen, dabei einen Abstand zwischen den Teilen für die Nahtzugabe beachten. Die Teile inklusive 1 cm Nahtzugabe ausschneiden.

Nähen

Mit kleinem Stich arbeiten (2 mm). Entlang der aufgezeichneten Linie nähen, dabei an den markierten Stellen jeweils eine Wendeöffnung offen lassen. Die fertig genähten Teile ca. 3 mm neben der Naht ausschneiden. Innenrundungen und Innenecken bis dicht an die Naht einschneiden. An den Außenrundungen Dreiecke ausschneiden. Die Außenecken bis knapp vor die Nahtlinie abschneiden.

An den Wendeöffnungen die Nahtzugabe belassen. Um die Teile zu wenden, kann als Hilfsmittel je nach Größe der zu stopfenden Teile ein Holzkochlöffelstiel oder ein stumpfer Holzspieß verwendet werden. Damit auch die Nähte ausstreichen und die Ausbuchtungen vorsichtig ausformen und anschließend bügeln. Zum Ausbügeln der Nähte von engen Schlauchteilen kann der Holzkochlöffelstiel als Bügelunterlage eingeführt werden. Nach dem Ausstopfen der Figuren mit Füllwatte die Wendeöffnung von Hand mit Matratzenstich schließen (siehe Zeichnung links oben). Um einen Boden als Standfläche zu erhalten, werden auf beiden Seiten des Rohlings die Ecken ca. 2 bis 3 cm tief (je nach Größe der Figur) aufeinander geheftet. Dann mit Lineal und Bleistift quer zur Naht die Stepplinie kennzeichnen. Nach dem Nähen die Ecken abschneiden.

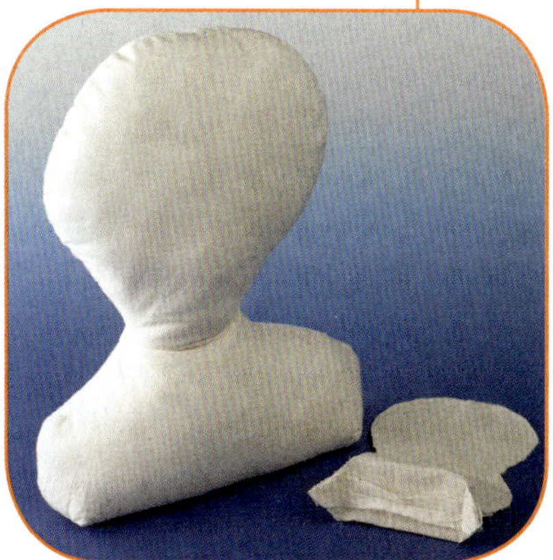

Füllen

Als Füllmaterial eignet sich Hochbauschwatte oder Kissenfüllstoff. Zum Beschweren der Figuren kann Reis oder Füllgranulat verwendet werden. Für eine flache Wattierung Volumenvlies einnähen. Zum Befüllen von Ausbuchtungen und engen Teilen und zum Glattstreichen der Watteoberfläche eignet sich ein Kochlöffelstiel oder ein stumpfer Holzspieß.

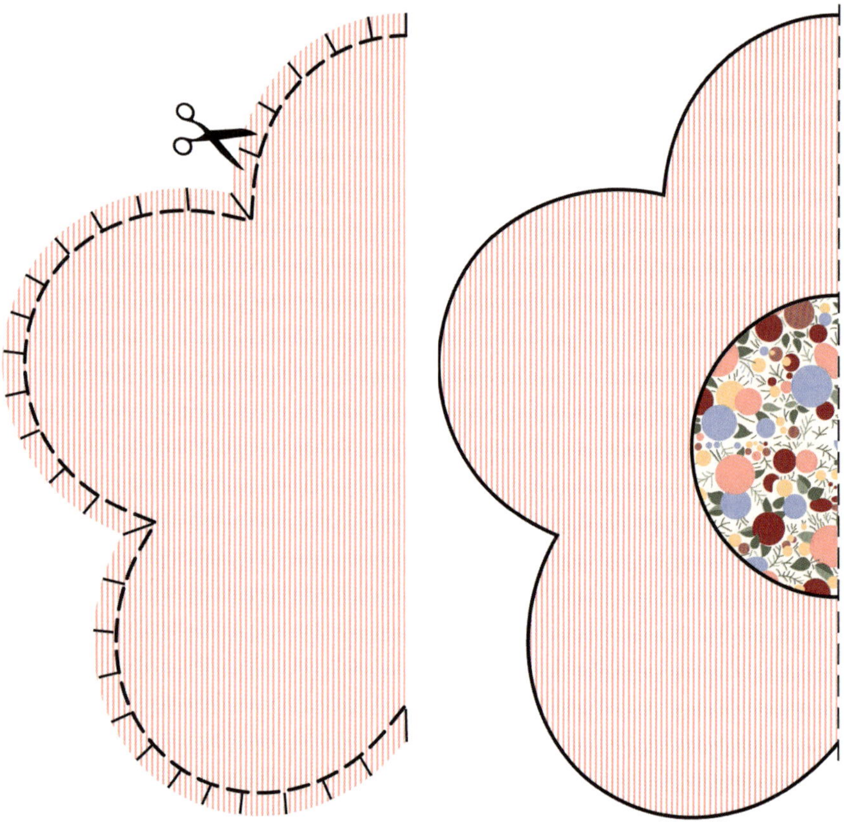

Blumenkissen

Seite 8

Vorlage auf 400 % vergrößern

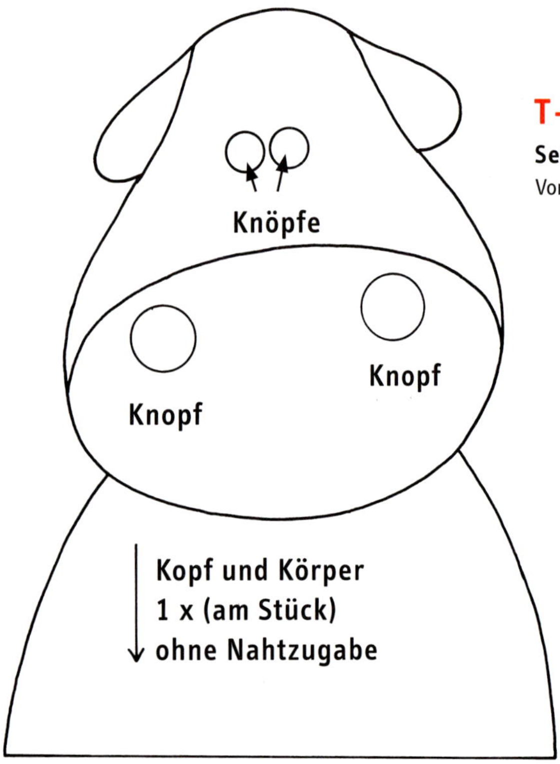

T-Shirt mit Kuh-Motiv

Seite 74

Vorlage auf 200 % vergrößern

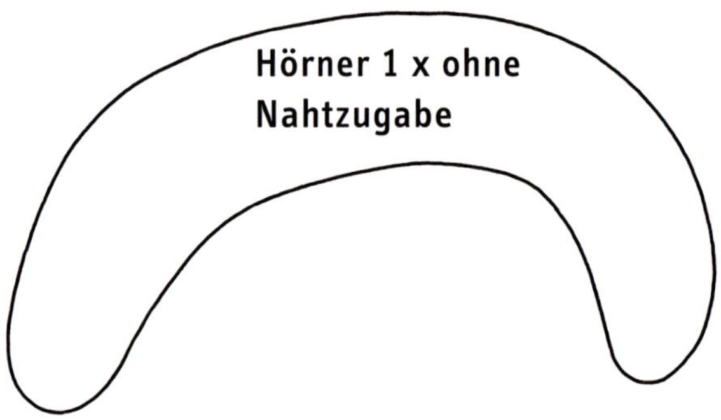

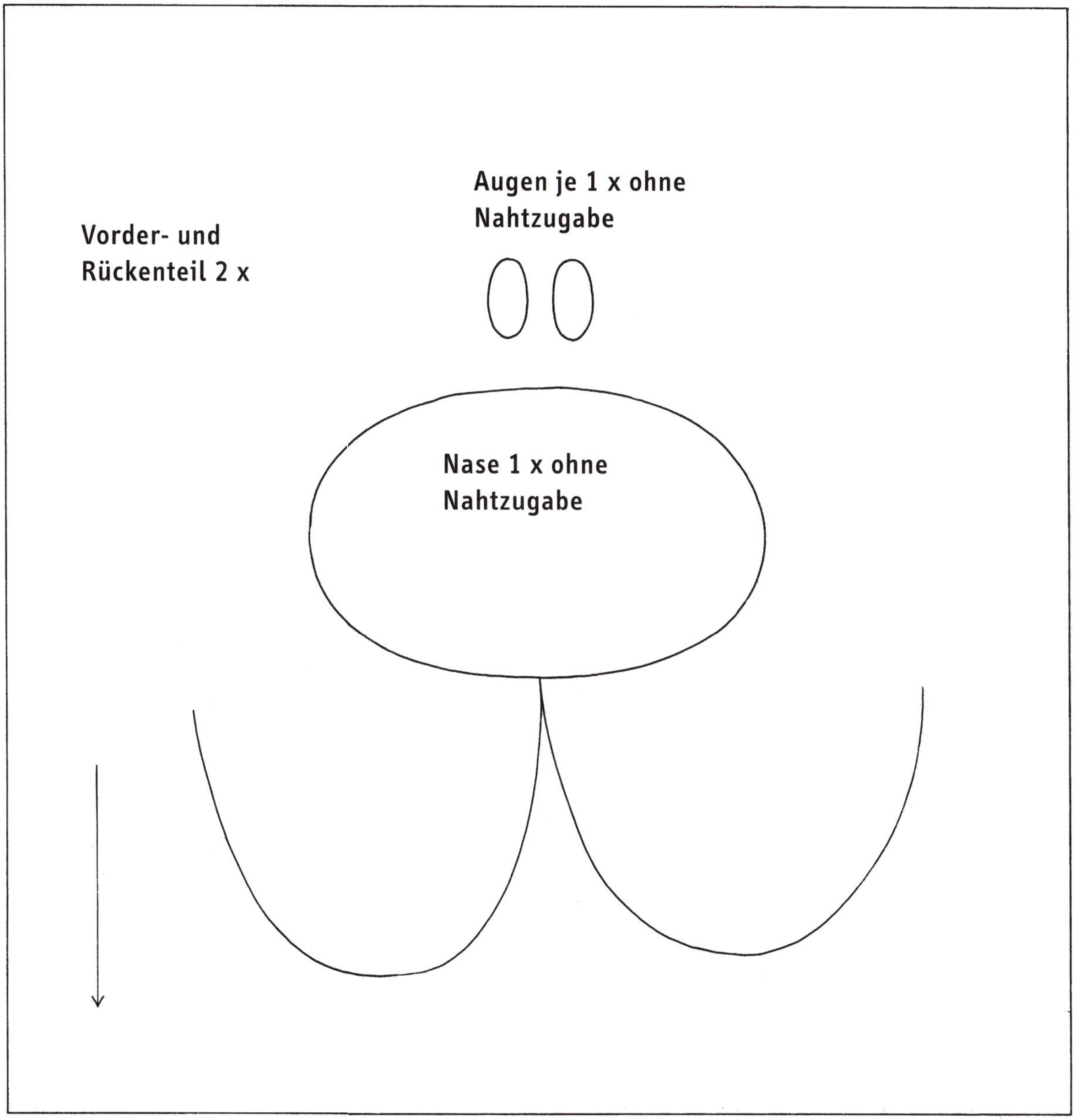

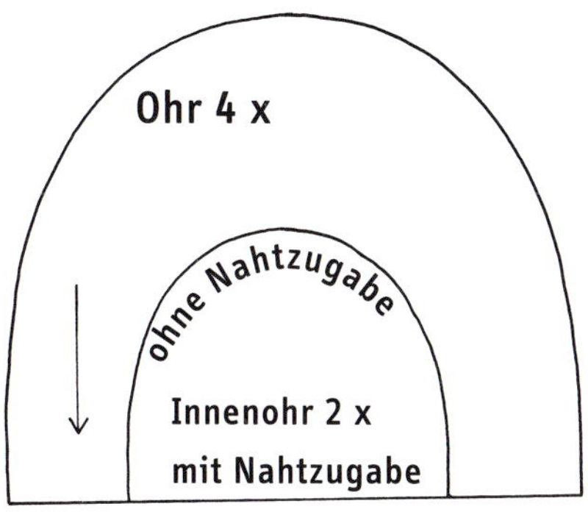

Stuhlhusse

Seite 15

Vorlage auf 250 % vergrößern

Küken und Huhn

Seite 18

Küken und Huhn

Seite 18

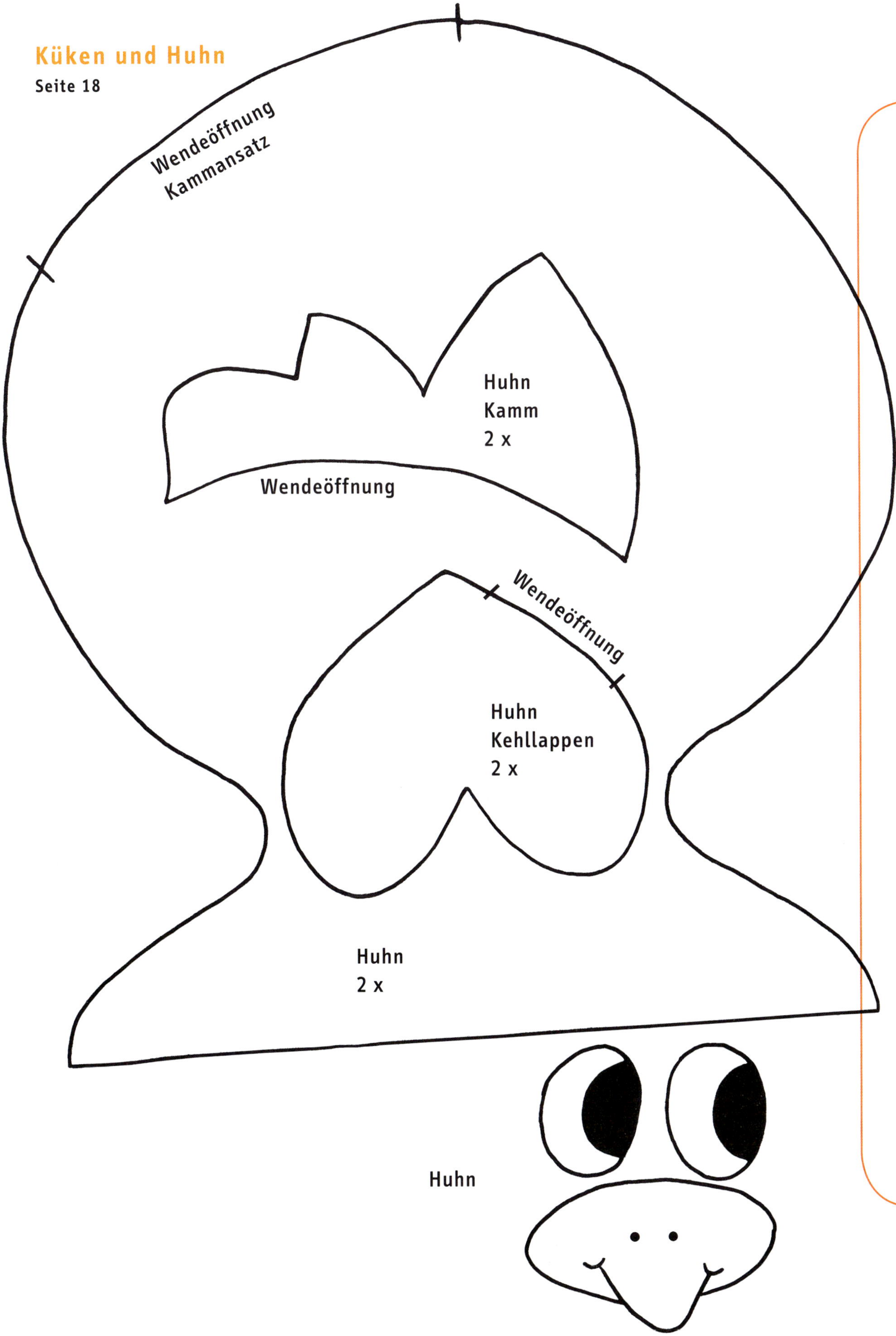

Wichtel

Seite 20

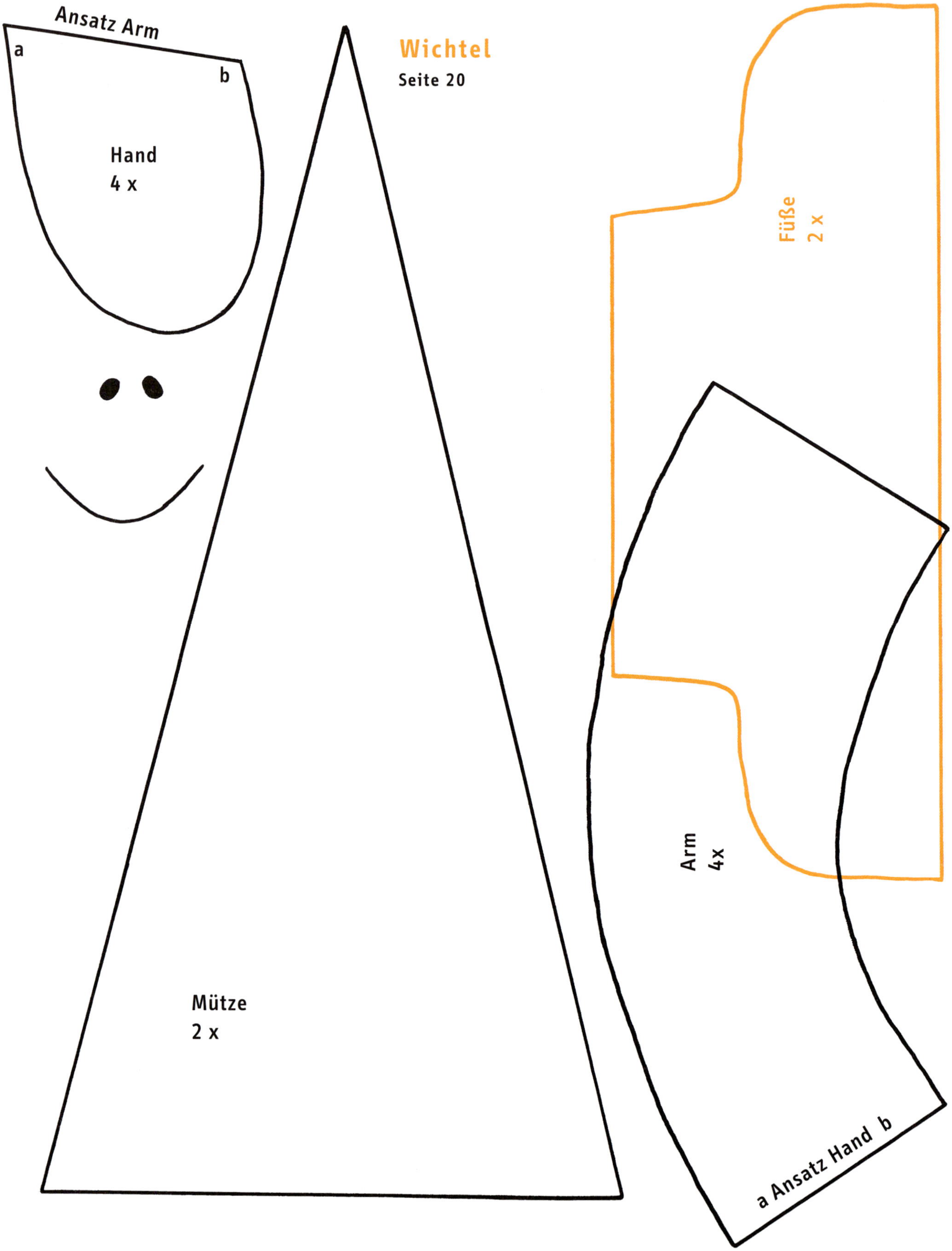

Wichtel

Seite 20

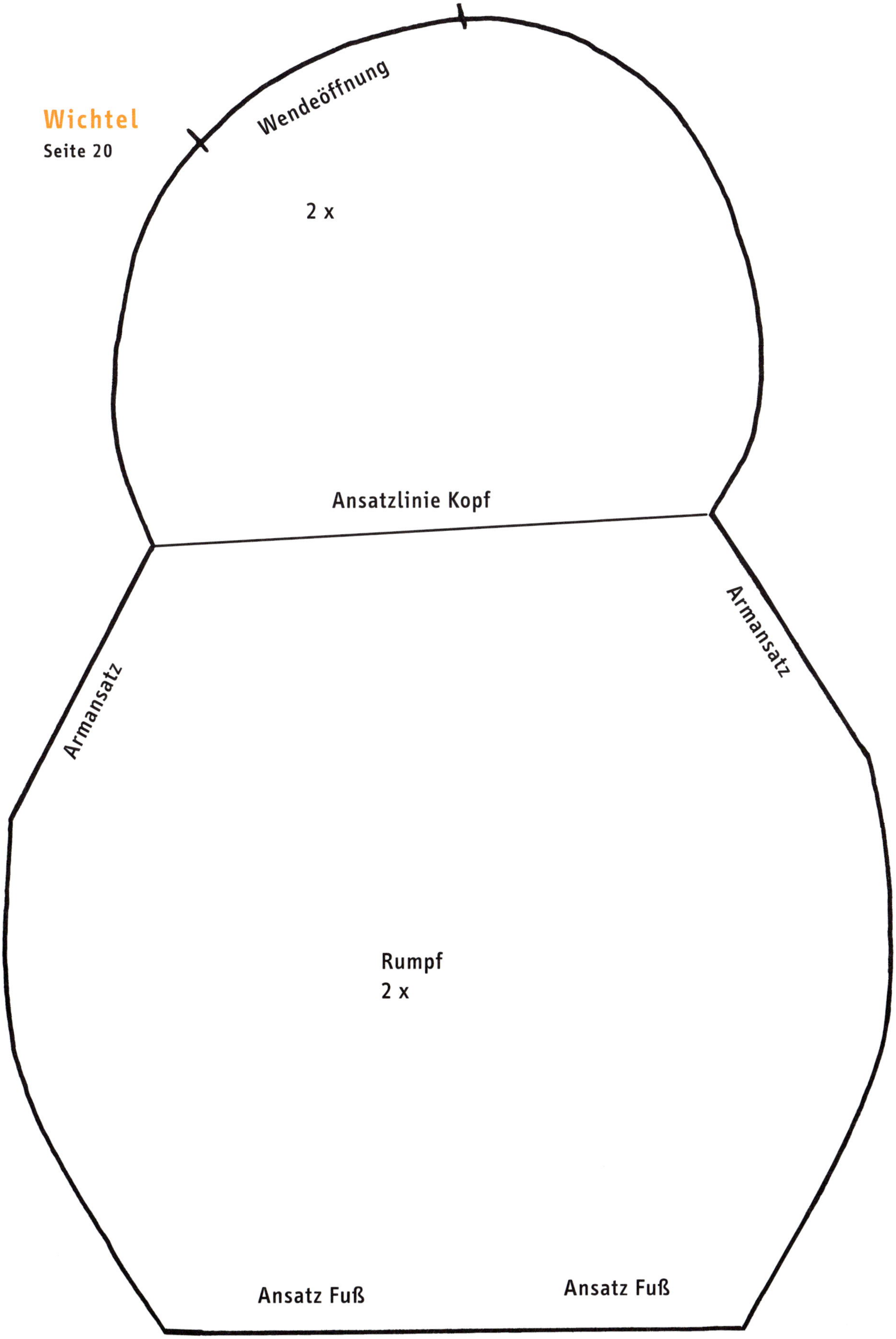

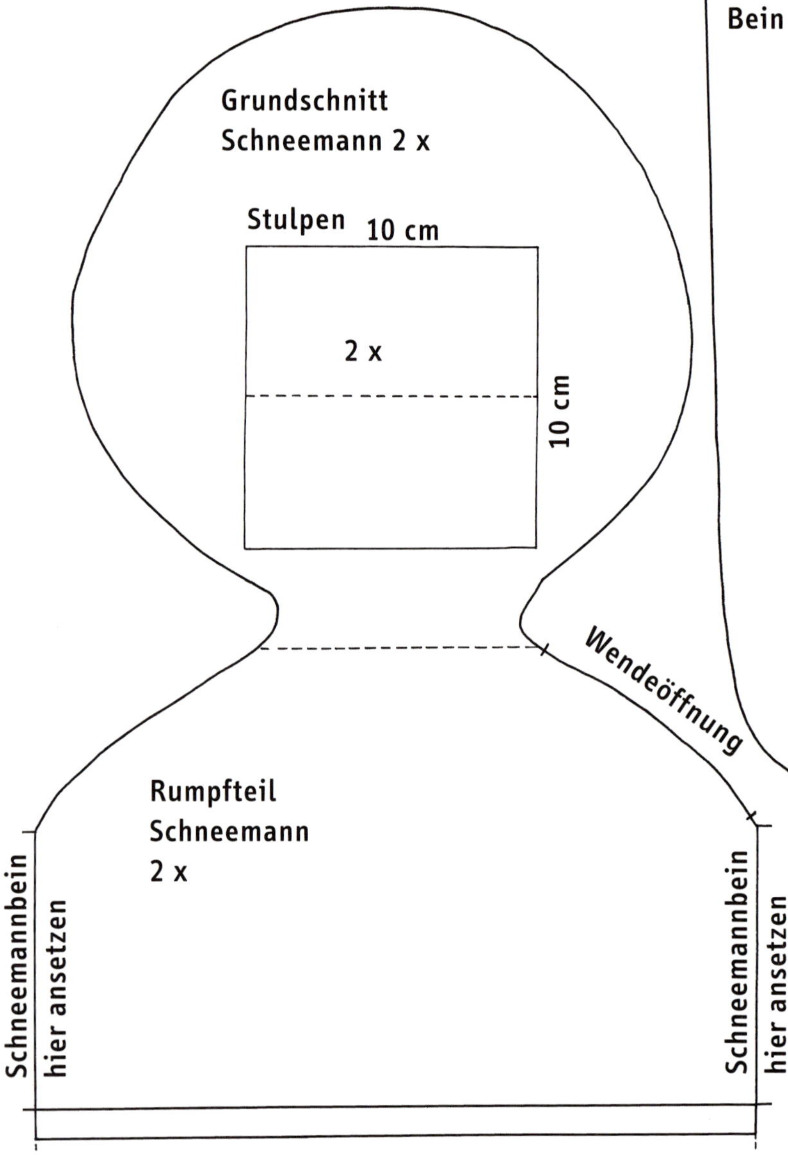

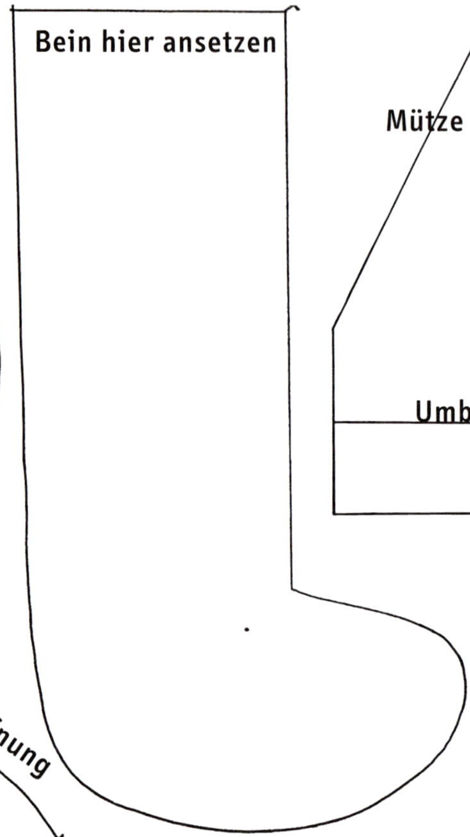

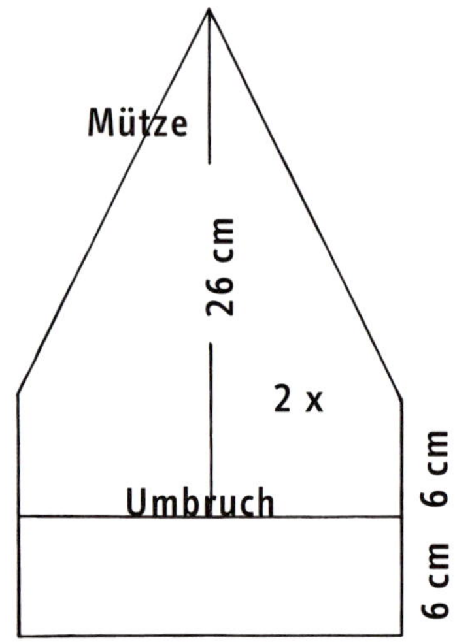

Schneemann

Seite 21

Vorlage auf 250 % vergrößern

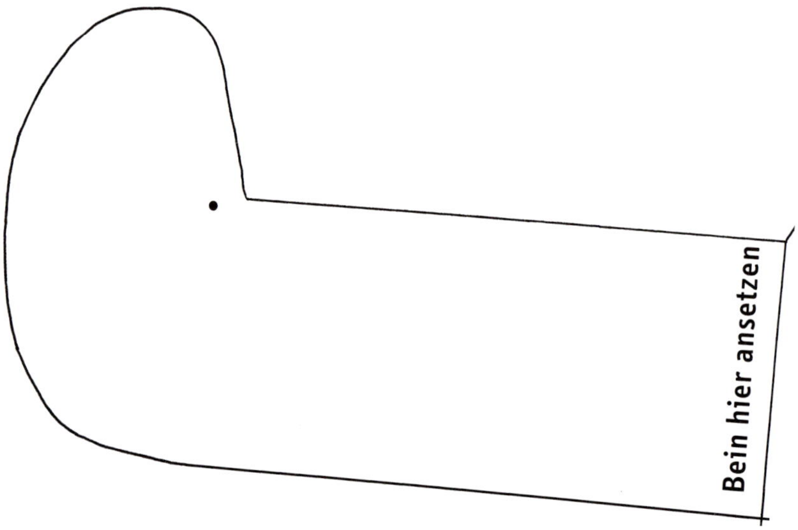

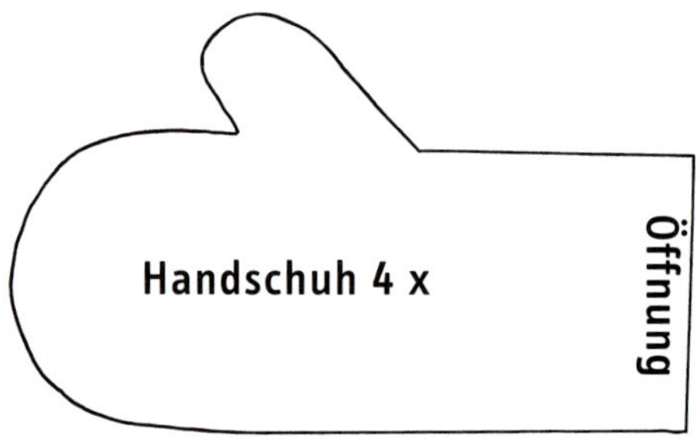

Bügelpolster

Seite 32

Vorlage auf 250 % vergrößern

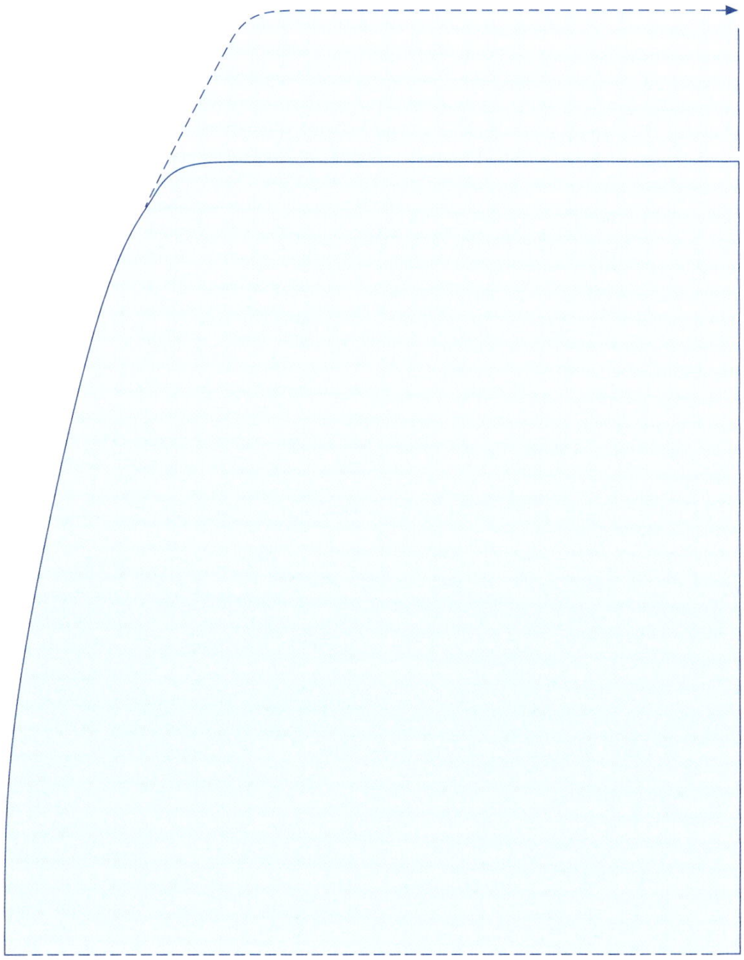

Schneemann

Seite 21

Vorlage auf 250 % vergrößern

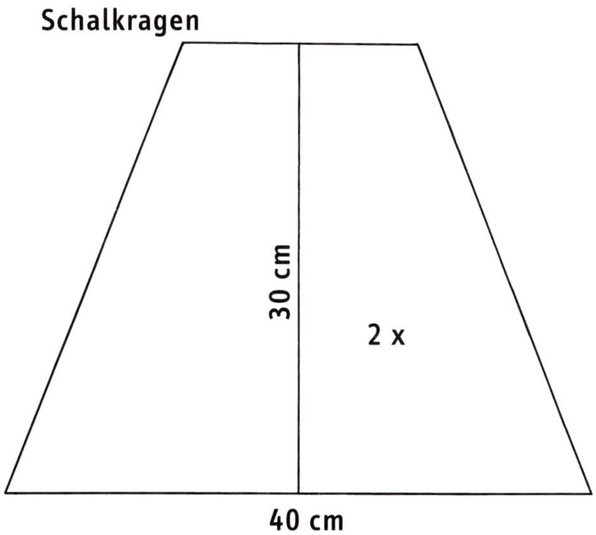

Waschlappen

Seite 35

Vorlage auf 200 % vergrößern

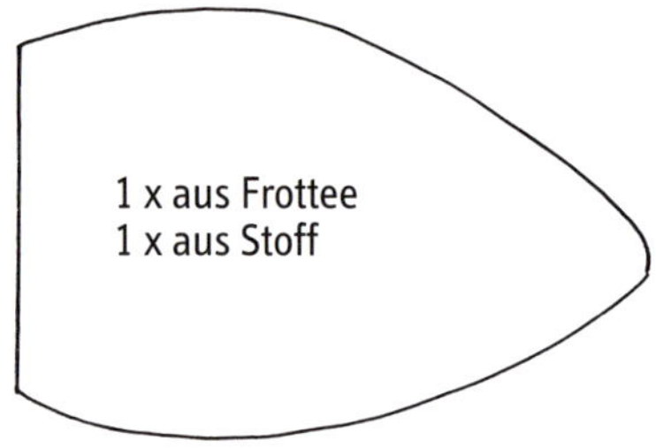

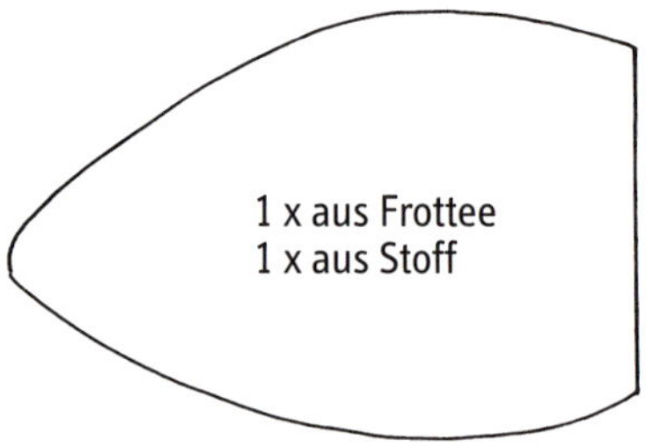

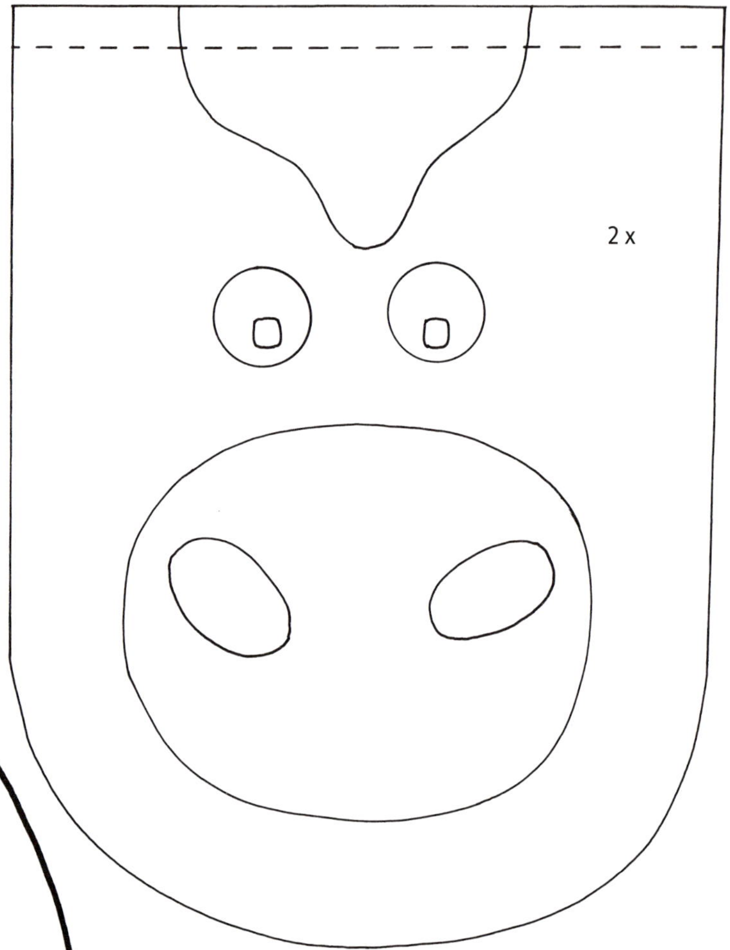

Hunde-Geldbörse

Seite 46

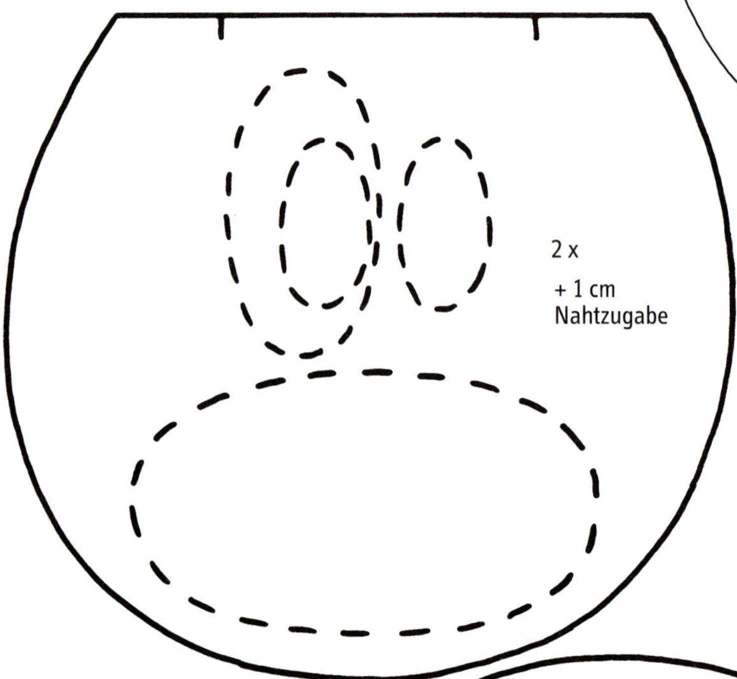

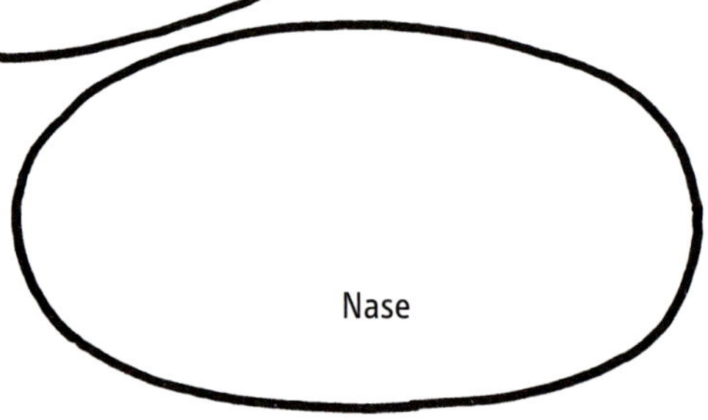

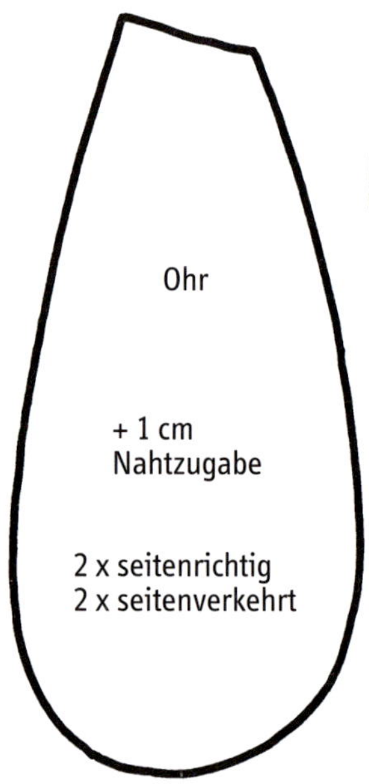

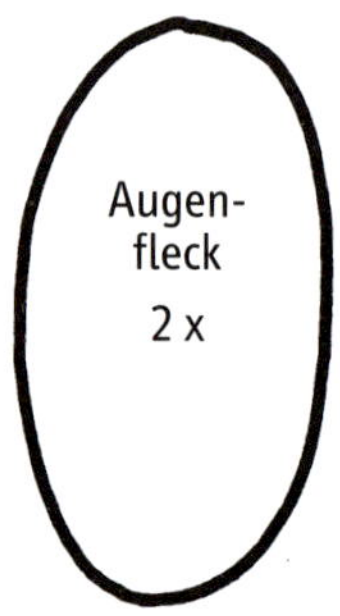

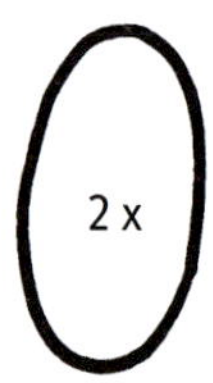

Auge

Schneemannpaar

Seite 54

Vorlage auf 200 % vergrößern

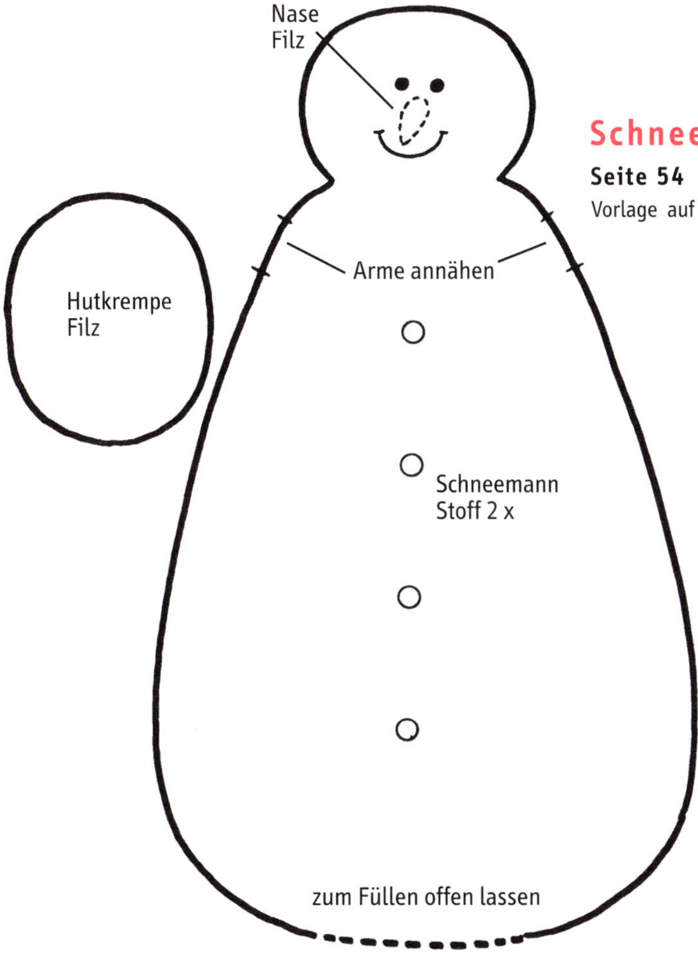

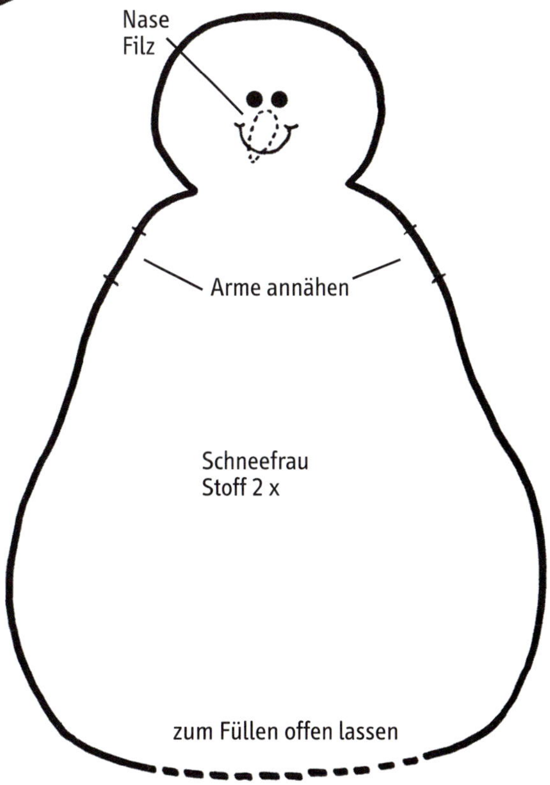

Langhals-Ente

Seite 48

Vorlage auf 200 % vergrößern

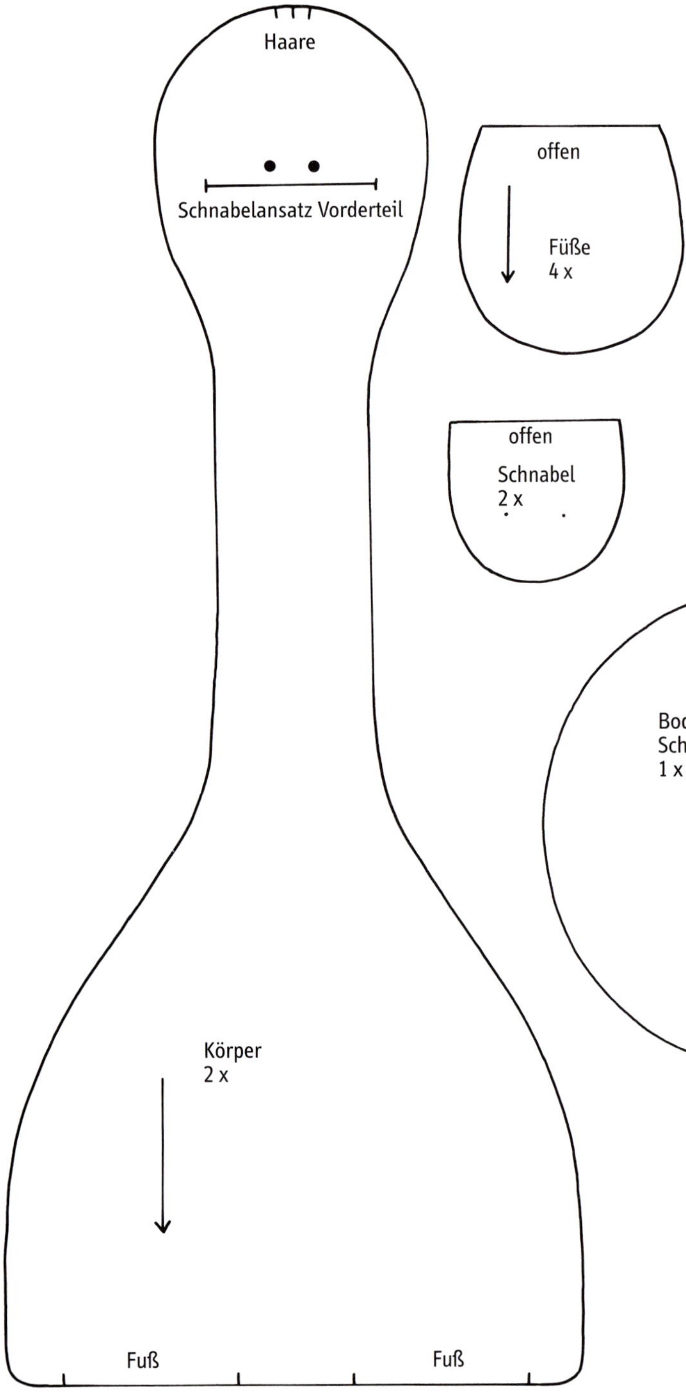

Schlenkertiere Hahn und Ente

Seite 50

Vorlage auf 200 % vergrößern

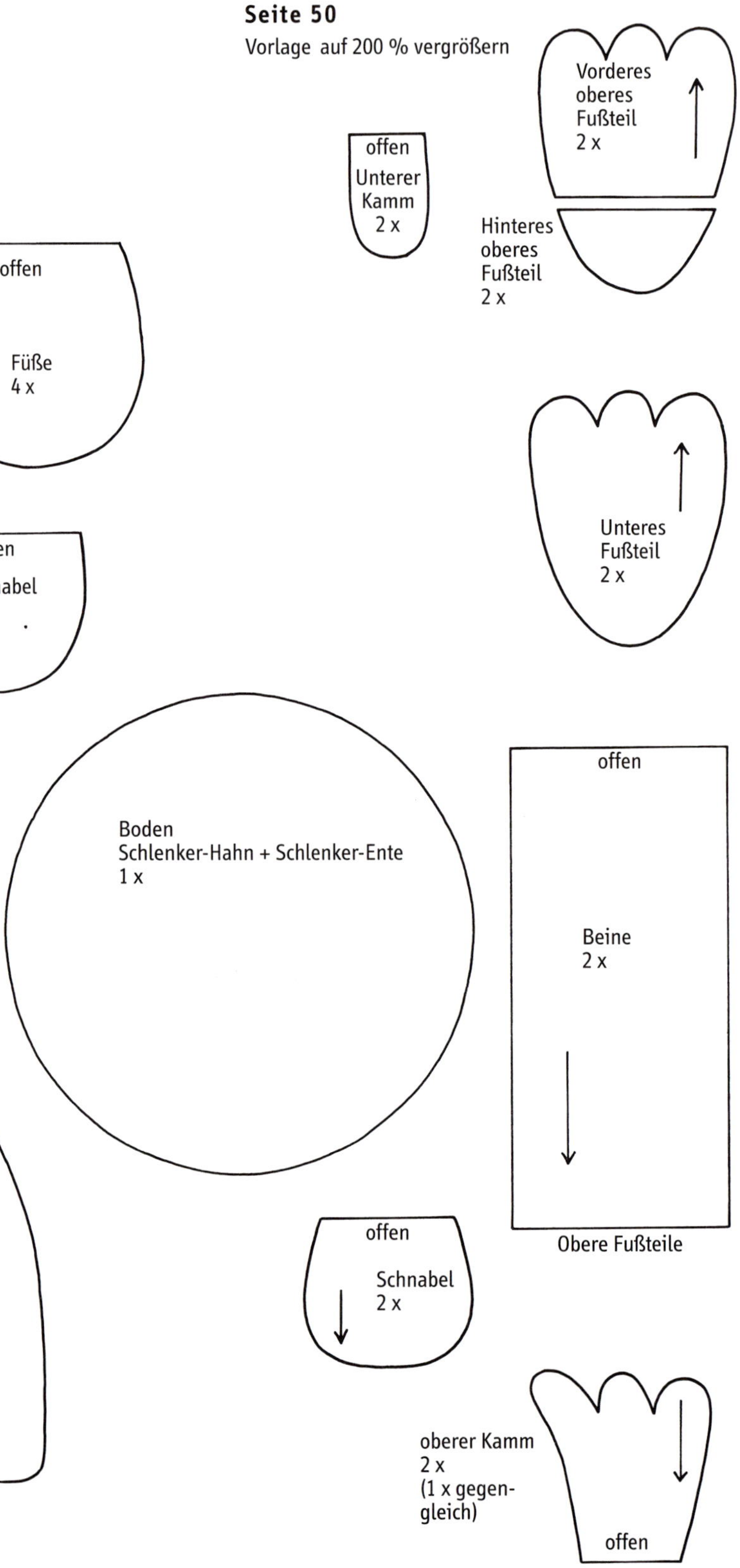

Schlenkertiere Hahn und Ente

Seite 50

Vorlage auf 200 % vergrößern

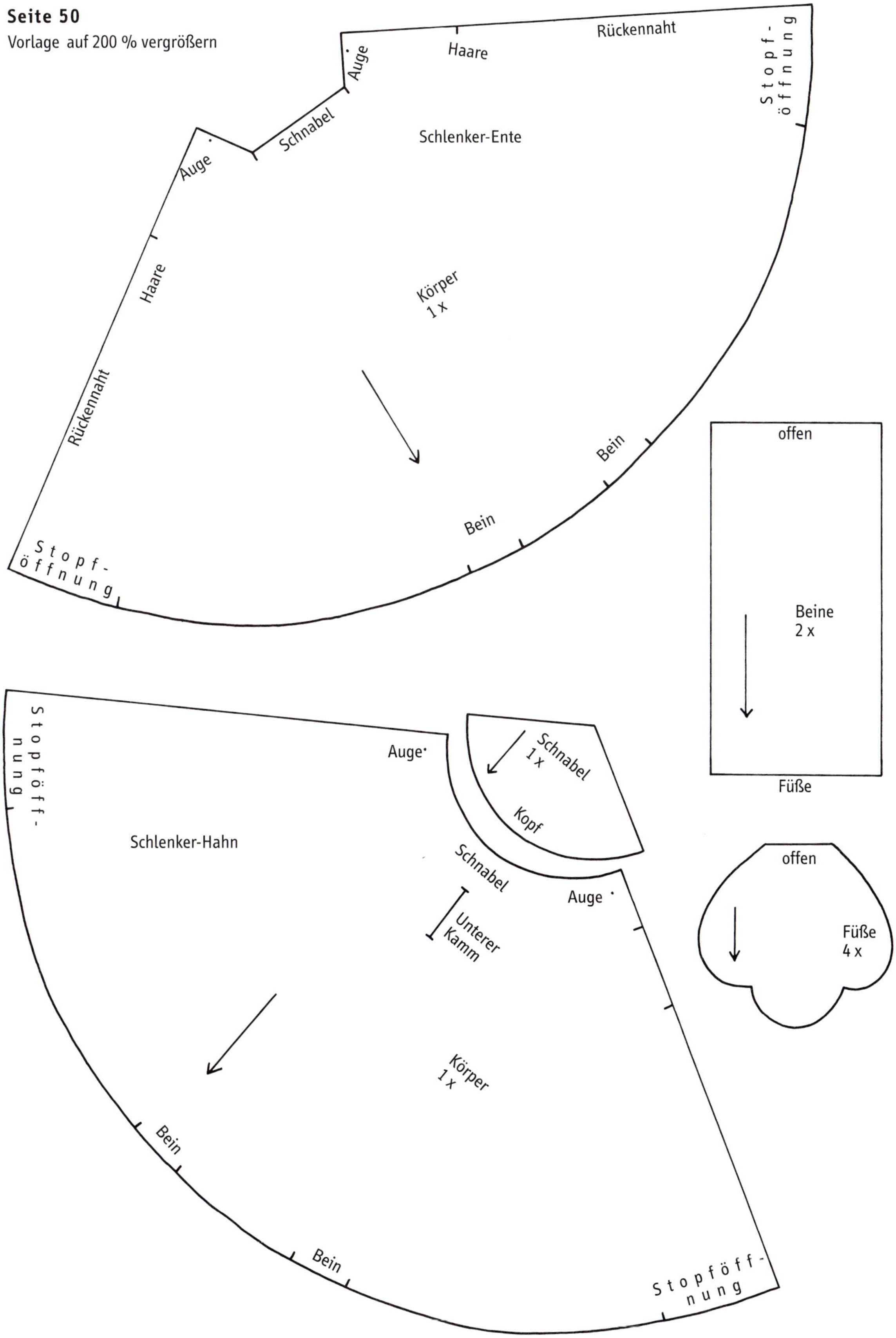

SERVICETEIL

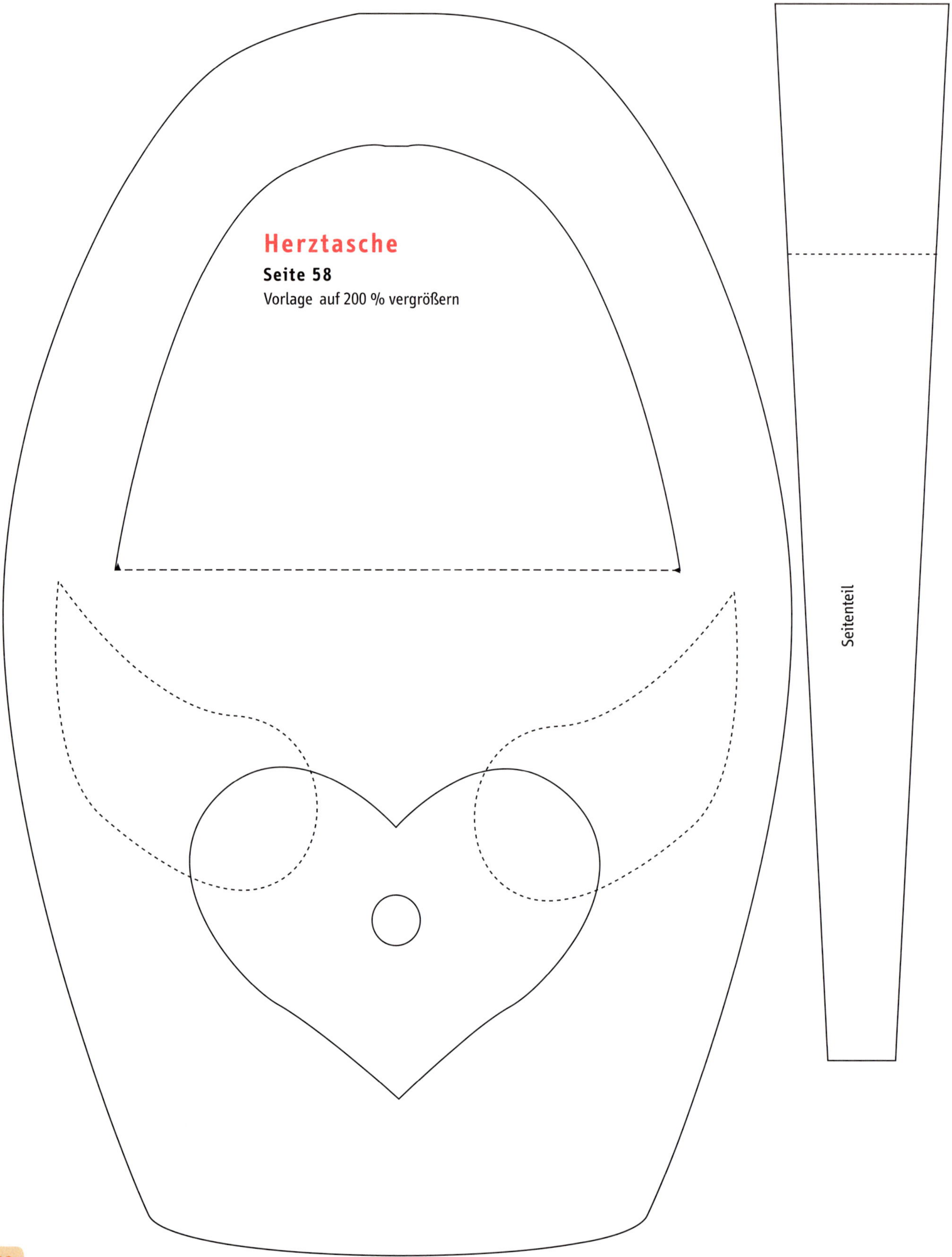
Herztasche
Seite 58
Vorlage auf 200 % vergrößern
Seitenteil

Herztasche

Seite 58

Vorlage auf 200 % vergrößern

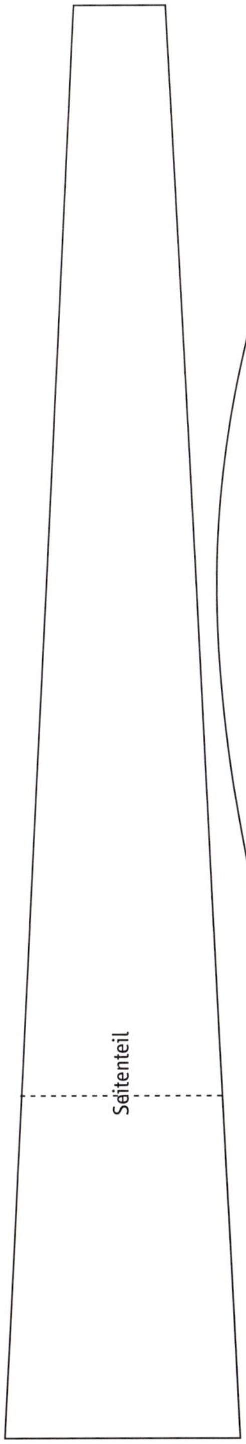

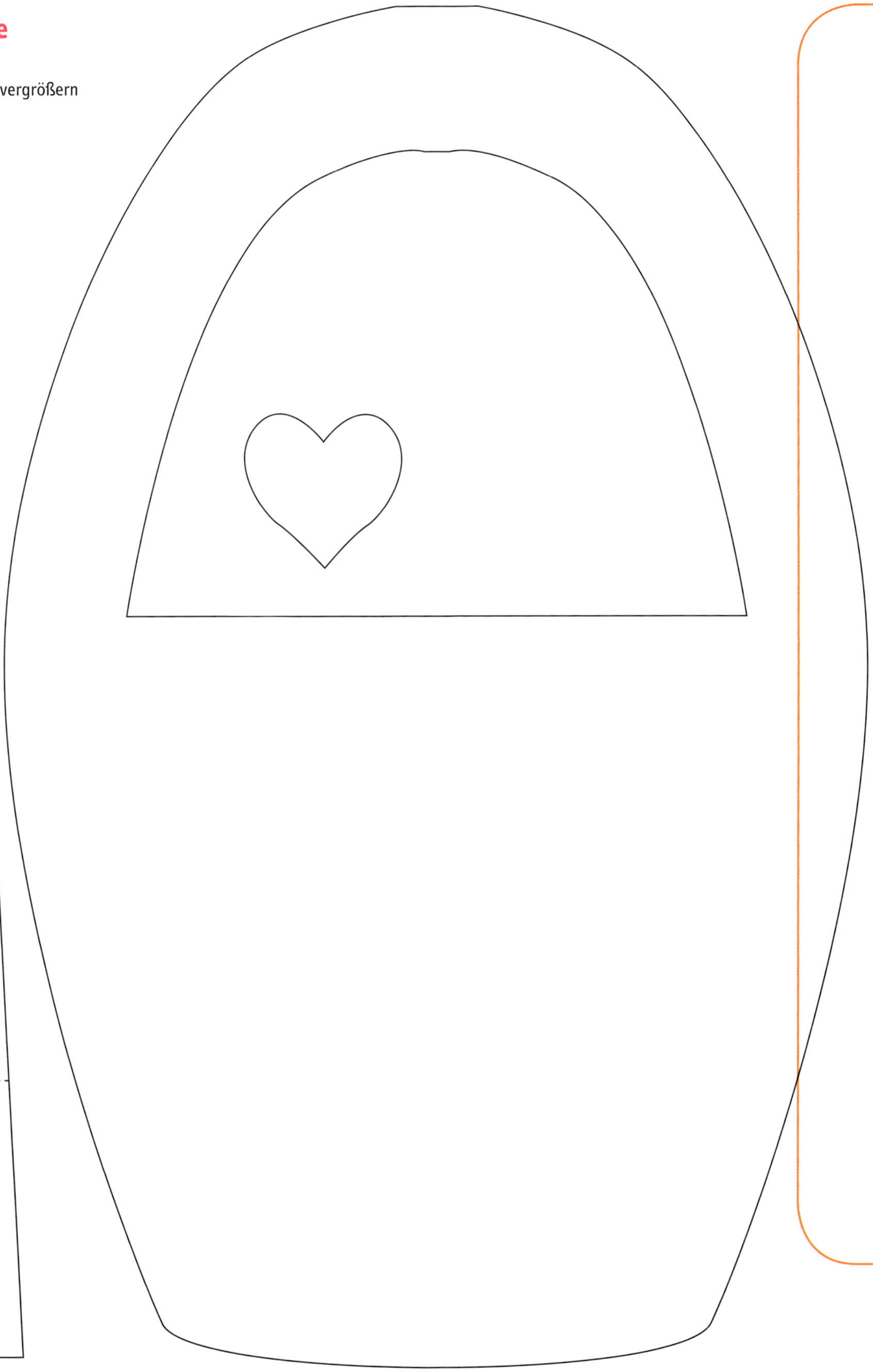

Bettwäsche für Mädchen

Seite 60

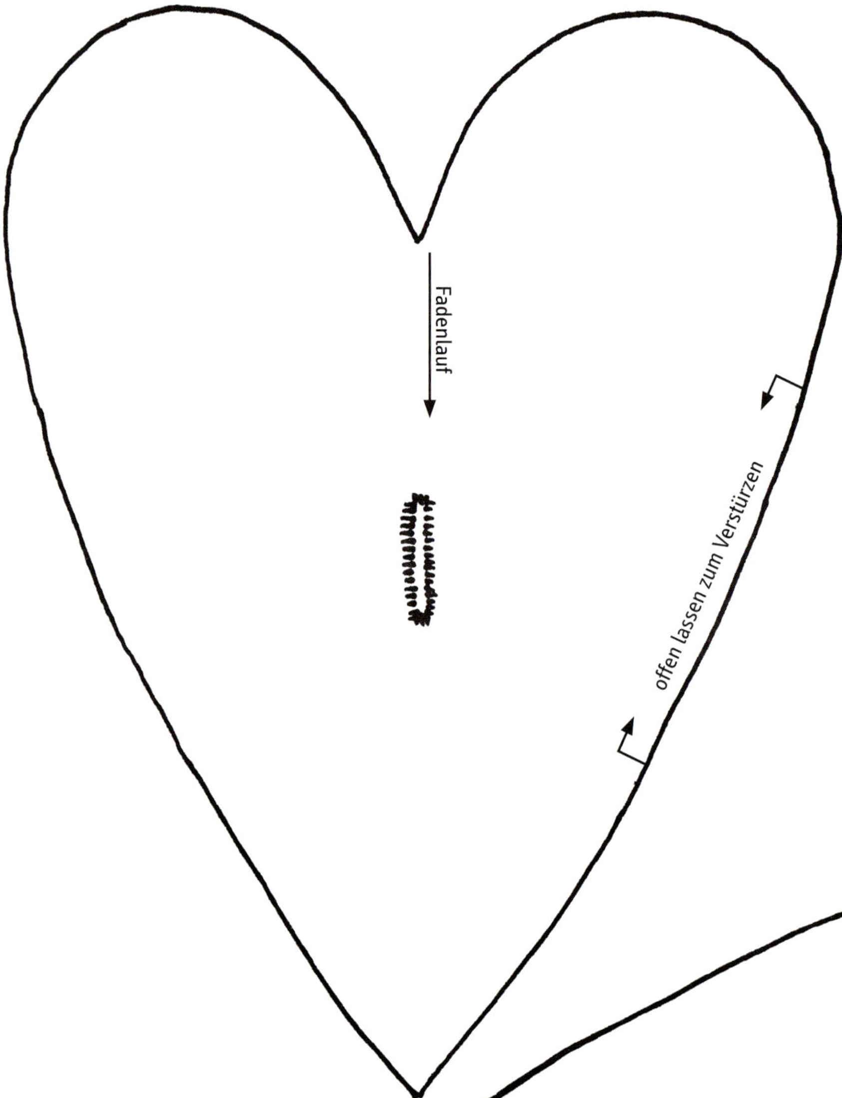

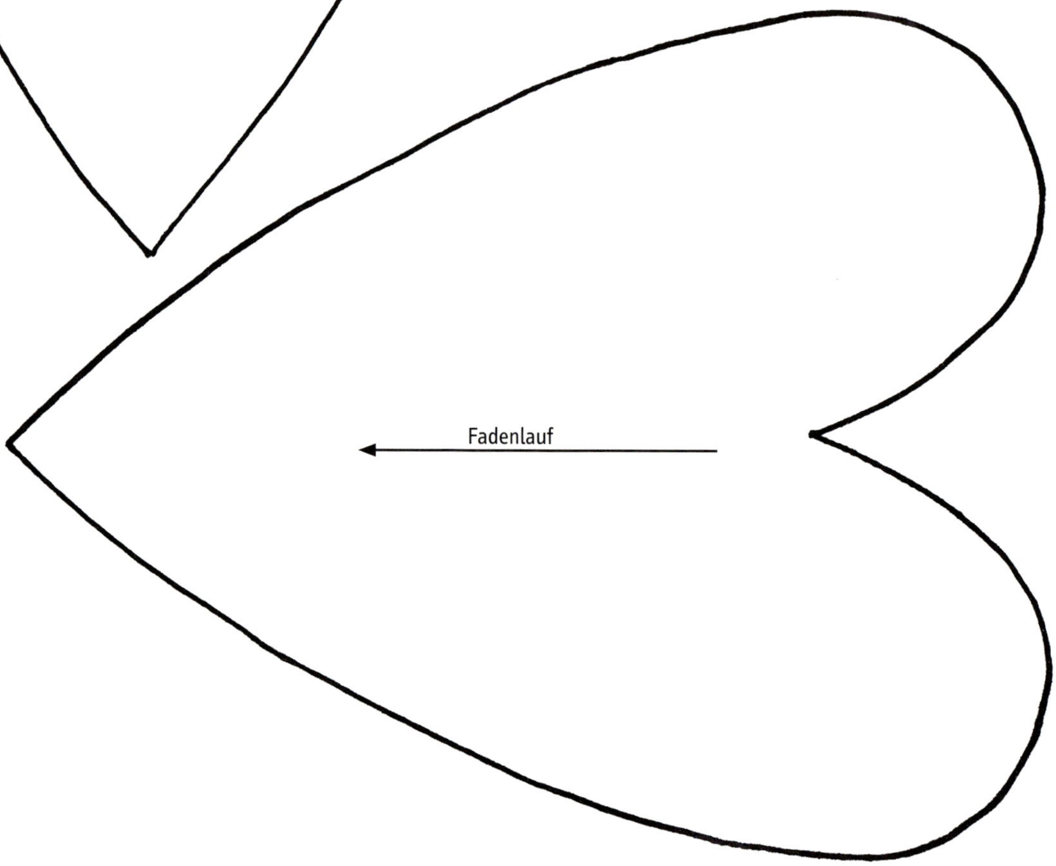

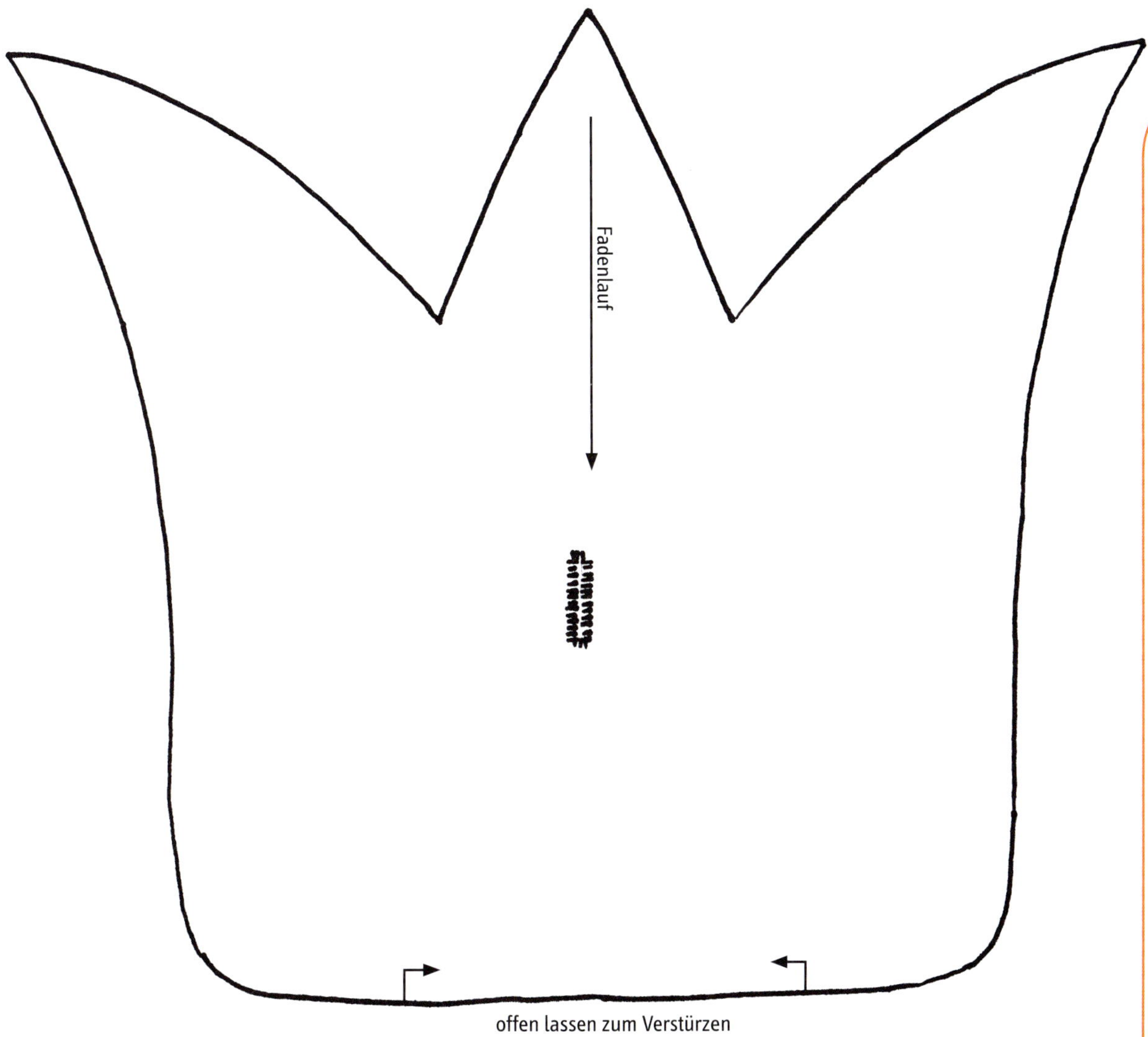

Bettwäsche für Mädchen

Seite 60

Tausendfüßler

Seite 62

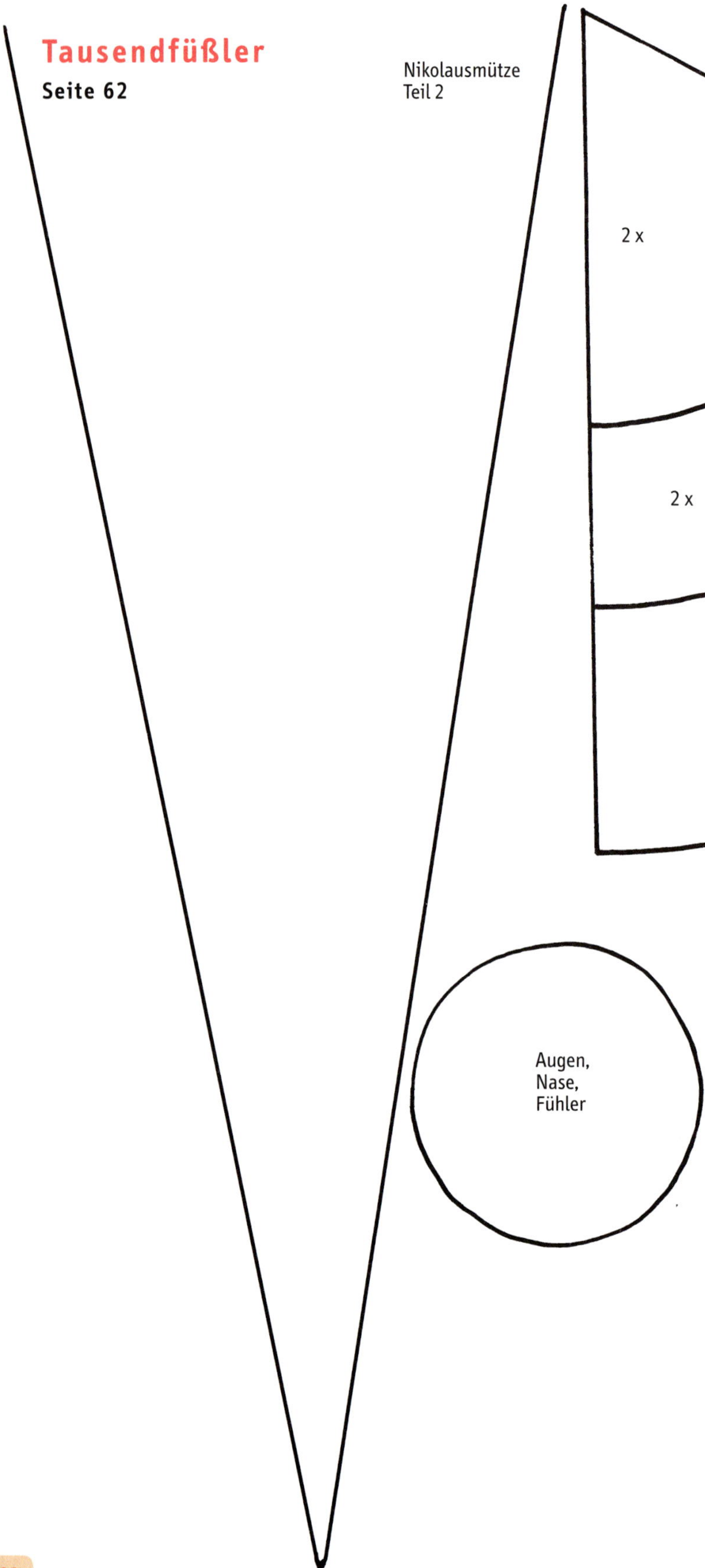

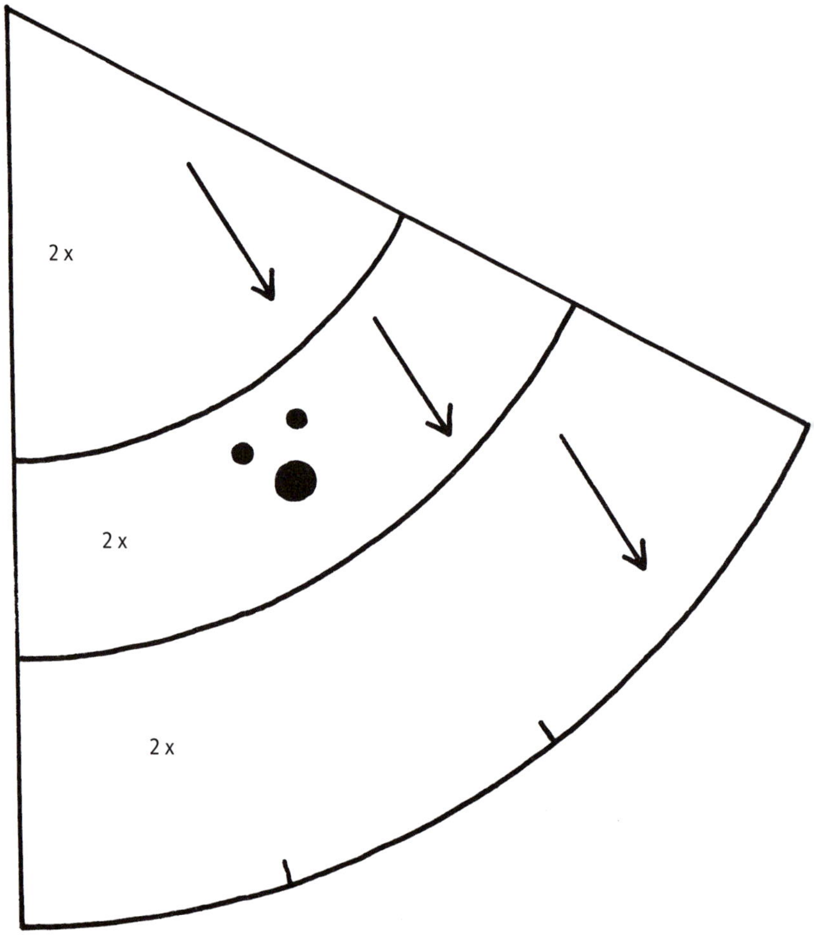

Wichtel zum Greifen

Seite 64

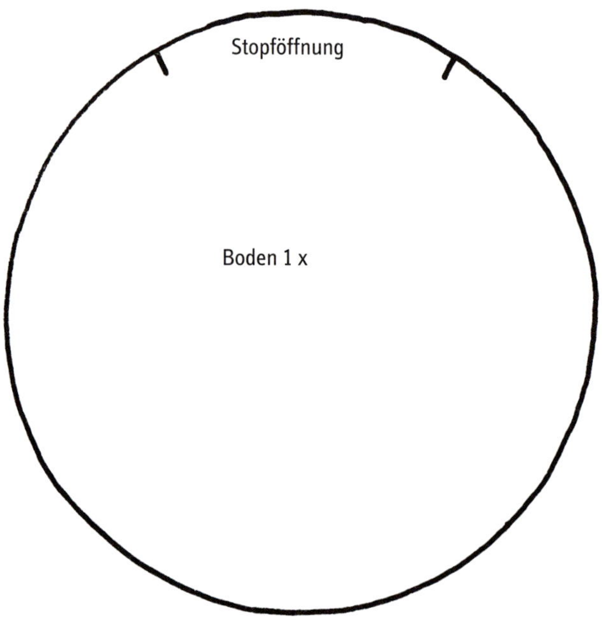

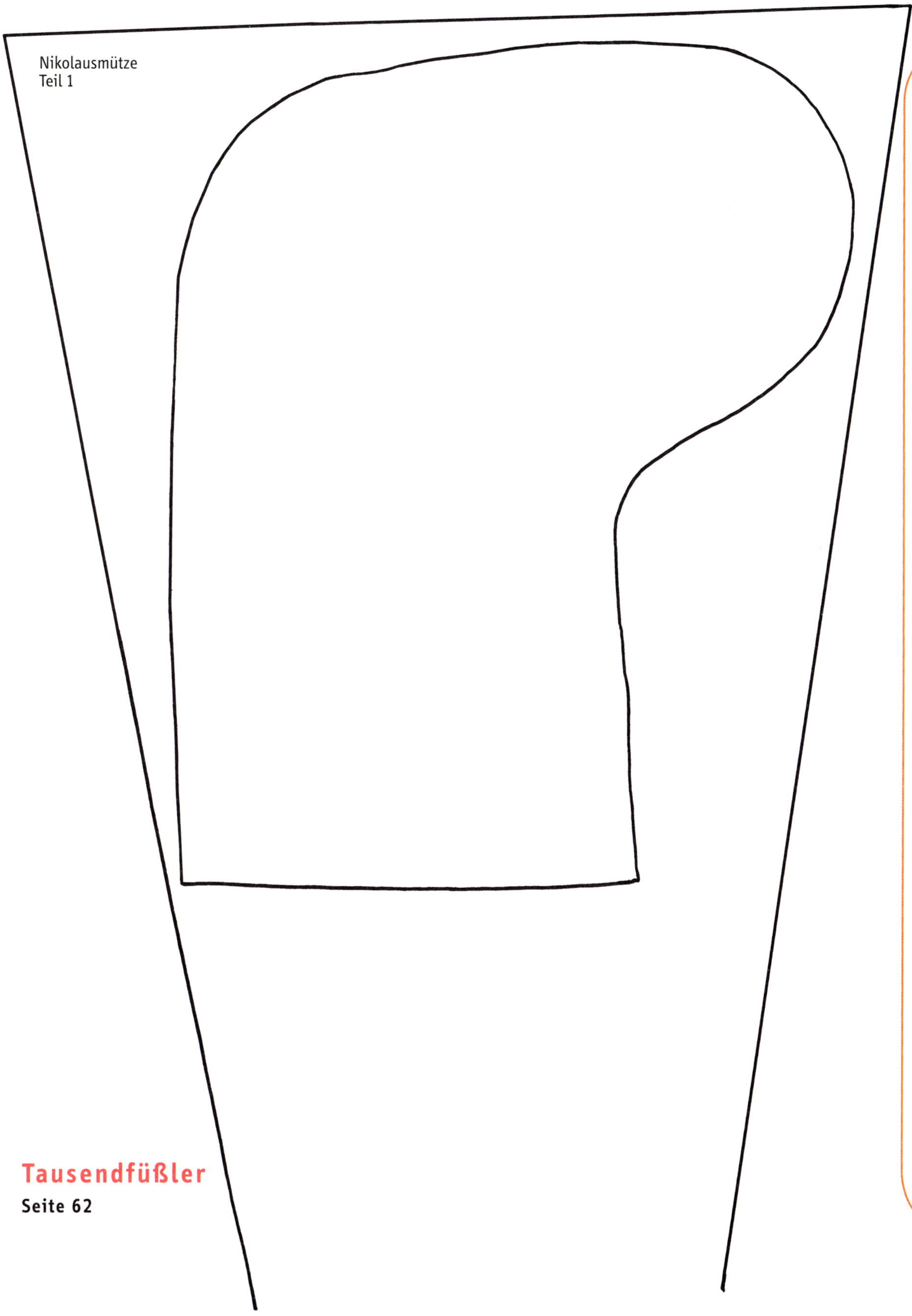

Tausendfüßler

Seite 62

Häschen-Schnuffeltuch

Seite 66

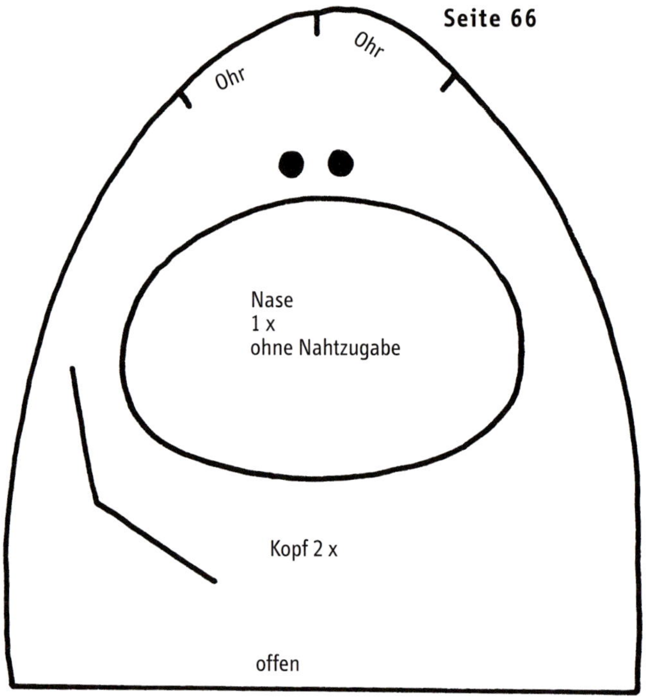

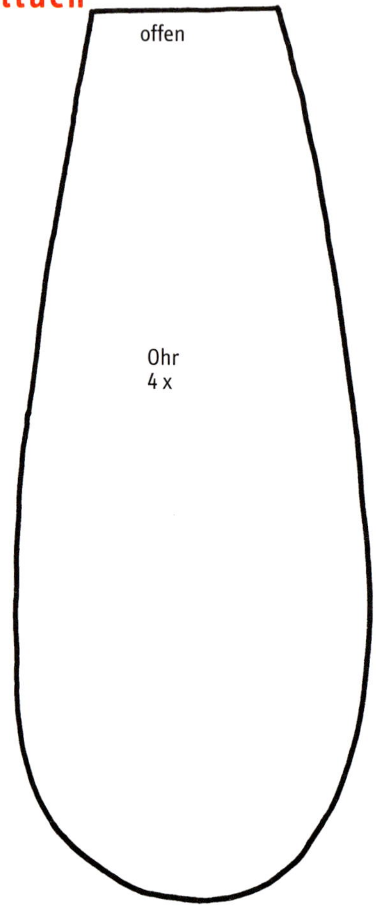

Wärmflasche

Seite 68

Vorlage auf 200 % vergrößern

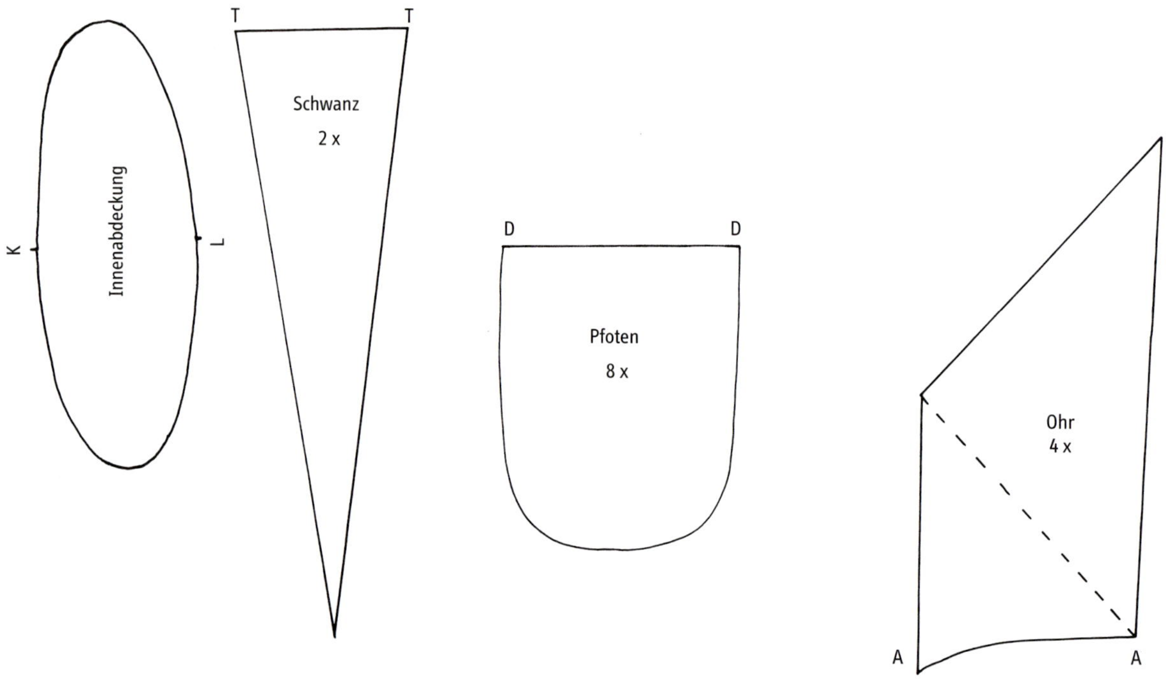

Wärmflasche

Seite 68

Vorlage auf 200 % vergrößern

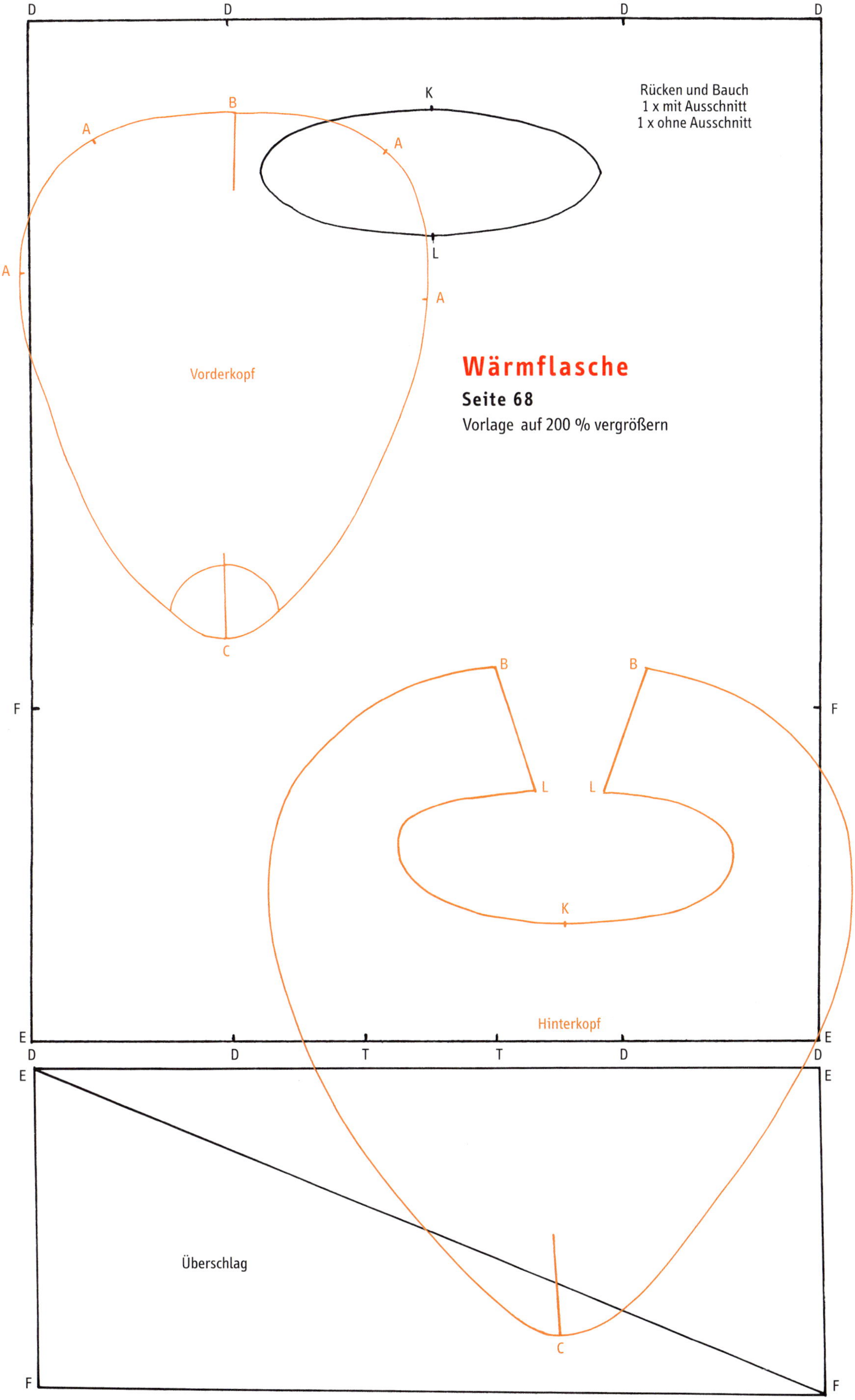

Schnittmuster

Handpuppe

Seite 70

Vorlage auf 200 % vergrößern

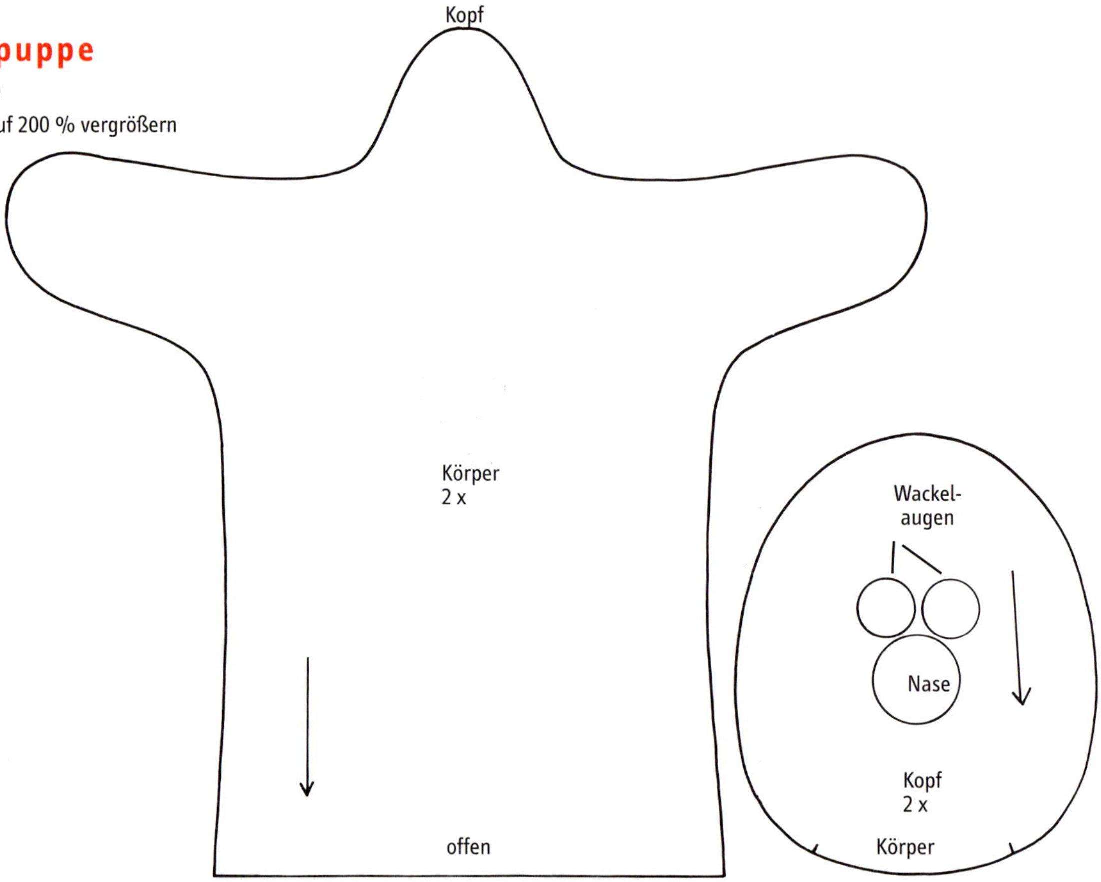

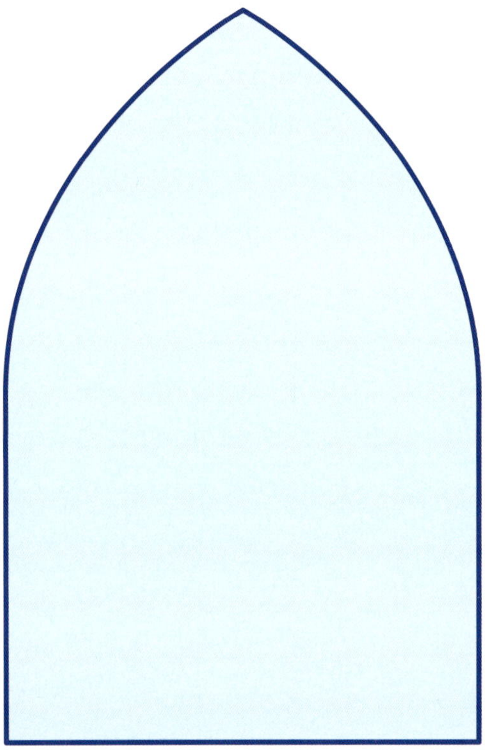

Eierwärmer

Seite 26

Kinder-Turnbeutel

Seite 77

Schmusekissen

Seite 80

Vorlage auf 200 % vergrößern

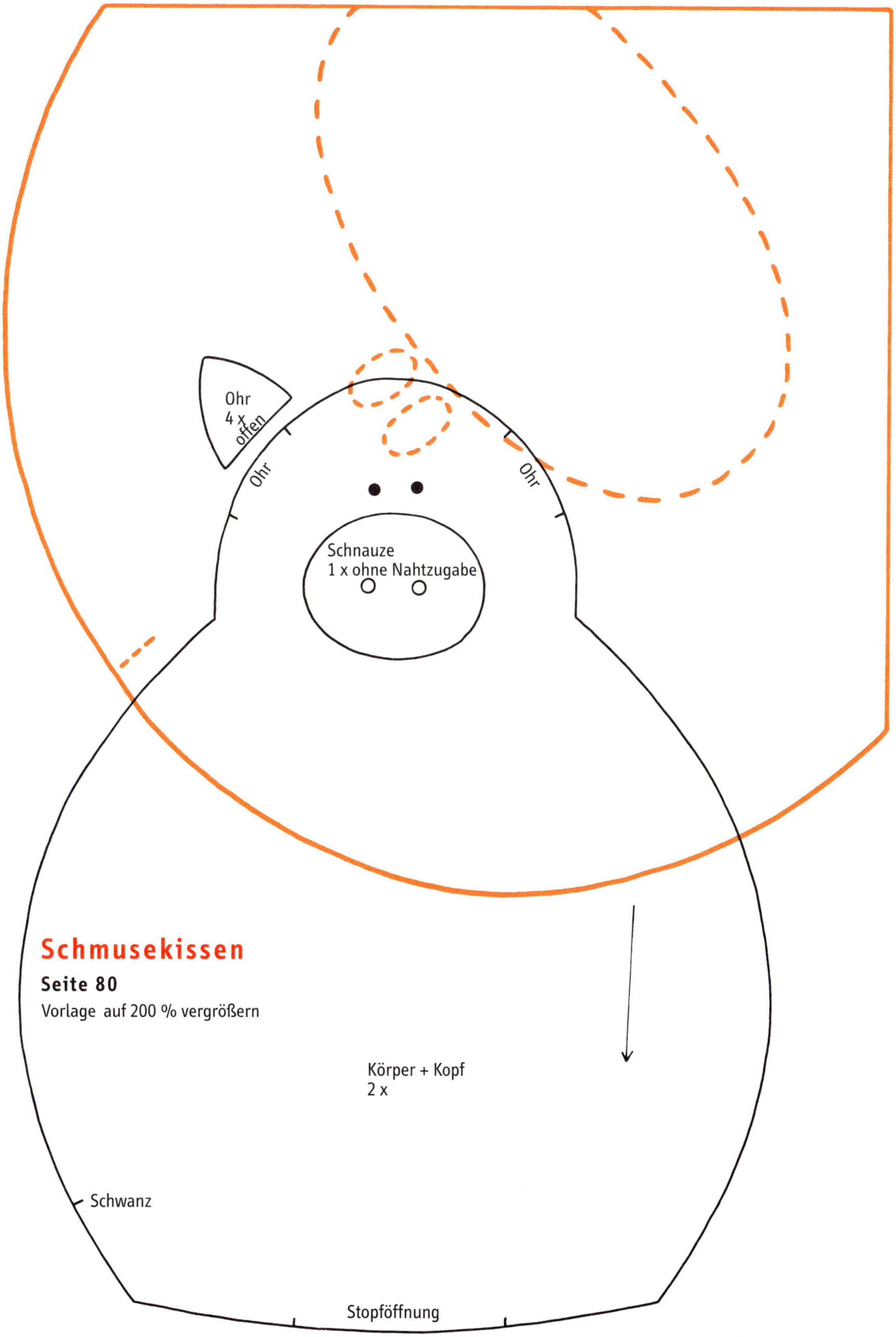

Impressum

Genehmigte Sonderausgabe für die Verlagsgruppe Weltbild GmbH, Steinerne Furt 67, D-86167 Augsburg

AUTOREN UND AUTORINNEN: Sandra Blum (Seite 60/61), Mariane Curkovic (Seite 44/45), Jutta Favara (Seite 8/9, 10/11, 16/17, 22/23, 24/25, 26, 27, 28/29, 30/31, 32/33, 38/39, 40/41, 42/43, 52/53, 78/79), Ute Fischer (Seite 62/63), Stephanie Göhr (Seite 58/59), Gudrun Kaenders (Seite 54/55), Natalie/Annette Kunkel (Seite 18/19, 20, 21), Kornelia Milan (Seite 34/35, 68/69), Heidrun Röhr (Seite 47), Heike Roland/Stefanie Thomas (Seite 14/15, 46, 48/49, 50/51, 64/65, 66/67, 70/71, 74/75, 76/77, 80/81), Anne Thiemeyer (Seite 12/13)

DRUCK UND BINDUNG: Finidr s.r.o., Cesky Tesin, Tschechische Republik 2008

FOTOS: frechverlag GmbH, 70499 Stuttgart; Fotostudio Ullrich & Co., Renningen (Seite 2/3, 14/15, 18/19, 20, 21, 34/35, 44/45, 46, 47, 48/49, 50/51, 54/55, 58/59, 60/61, 62/63, 64/65, 66/67, 68/69, 70/71, 74/75, 76/77, 80/81, 82/83, 84/85)

EDITION DIPA BURDA SAS; Jan-Erich Fischer (Seite 72/73), Uzwei (Seite 4, 6/7, 8/9, 10/11, 12/13, 22/23, 24/25, 28/29, 52/53, 78/79), Uzwei/U. Bick (Seite 16/17, 26, 30/31, 32/33, 38/39, 40/41, 42/43), Uzwei/A. Müller (Seite 27, 36/37, 56/57)

EDITION DIPA BURDA SAS STYLISTEN: Peggy Hansmann (Seite 4, 6/7, 8/9, 10/11, 12/13, 22/23, 24/25, 28/29, 42/43, 78/79), K. Moisel (Seite 16/17, 26, 27, 30/31, 32/33, 36/37, 38/39, 40/41), Bärbel Recktenwald (Seite 72/73), Sabine Schappacher (Seite 56/57)

DANKSAGUNG: Wir danken den Firmen „kleinkariert" (Seite 36/37) und Westfalenstoffe (www.westfalenstoffe.de) für ihre freundliche Unterstützung.

ISBN 978-3-7724-5429-5
Einkaufen im Internet: *www.weltbild.de*